KLAUS MERTENS

Die Kostentragung bei der Ersatzvornahme
im Verwaltungsrecht

Schriften zum Öffentlichen Recht

Band 307

Die Kostentragung bei der Ersatzvornahme im Verwaltungsrecht

Von

Dr. Klaus Mertens

DUNCKER & HUMBLOT / BERLIN

CIP-Kurztitelaufnahme der Deutschen Bibliothek

Mertens, Klaus
Die Kostentragung bei der Ersatzvornahme im
Verwaltungsrecht. — 1. Aufl. — Berlin: Duncker
und Humblot, 1976.
  (Schriften zum Öffentlichen Recht; Bd. 307)
  ISBN 3-428-03773-1

D 6

Alle Rechte vorbehalten
© 1976 Duncker & Humblot, Berlin 41
Gedruckt 1976 bei Buchdruckerei A. Sayffaerth - E. L. Krohn, Berlin 61
Printed in Germany
ISBN 3 428 03773 1

Vorwort

Die vorliegende Schrift wurde im Januar 1976 abgeschlossen und im Mai desselben Jahres vom Fachbereich Rechtswissenschaft der Westfälischen Wilhelms-Universität zu Münster als Dissertation angenommen.

Für die vielfältigen Bemühungen bei der Betreuung der Dissertation sei an dieser Stelle meinem verehrten Lehrer, Herrn Professor Dr. Norbert Achterberg, sehr herzlich gedankt.

Mein besonderer Dank gilt auch Herrn Ministerialrat a. D. Professor Dr. Johannes Broermann für die Aufnahme der Arbeit in sein Verlagsprogramm.

Münster, im Juli 1976

Klaus Mertens

Inhaltsübersicht

§ 1 Einleitung 17

Erster Teil

**Begriff, Anwendungsbereich und
Voraussetzungen der Ersatzvornahme
im Verwaltungsrecht**

§ 2 Der Begriff der Ersatzvornahme 18
    I. Der Begriff der Ersatzvornahme im Allgemeinen 18
    II. Der Begriff der Ersatzvornahme als Mittel des Verwaltungszwangs 19
       1. Der Begriff der Ersatzvornahme in Preußen und im geltenden Recht des Bundes und der Länder 19
       2. Die Abgrenzung der Ersatzvornahme vom unmittelbaren Zwang 22
          a) Die allgemeine Abgrenzung 22
          b) Die Abgrenzung der Ersatzvornahme von der Selbstvornahme i. S. der herkömmlichen Terminologie 24
    III. Der Begriff der Ersatzvornahme als Mittel der Kommunalaufsicht 25

§ 3 Die Ersatzvornahme als Vollzugs- und Aufsichtsmittel 28
    I. Der Verwaltungszwang 28
       1. Der Gegenstand des Verwaltungszwangs 28
       2. Die Formen des Verwaltungszwangs 30
          a) Der Verwaltungszwang mit vorausgegangenem Verwaltungsakt — der gesetzliche Normalfall 30
          b) Der Verwaltungszwang ohne vorausgegangenen Verwaltungsakt — der sofortige Zwang 31
       3. Die gesetzlichen Zwangsmittel 32
       4. Die allgemeinen Voraussetzungen für die Anwendung des Verwaltungszwangs 32
          a) Die allgemeinen Voraussetzungen für die Anwendung des Verwaltungszwangs im gesetzlichen Normalfall 32
          b) Die allgemeinen Voraussetzungen für die Anwendung von Zwangsmitteln im Wege des sofortigen Zwangs 34

Inhaltsübersicht

	II. Die Kommunalaufsicht	35
	1. Gegenstand und Umfang der Kommunalaufsicht	35
	2. Die gemeindlichen Aufsichtsmittel	36
	3. Die allgemeinen Voraussetzungen für die Anwendung der Aufsichtsmittel	37
§ 4	Die besonderen Voraussetzungen für die Anwendung der Ersatzvornahme	37
	I. Die Voraussetzungen für die Anwendung der Ersatzvornahme als Mittel des Verwaltungszwangs	37
	1. Die Zulässigkeitsvoraussetzungen	37
	a) Vertretbare Handlung	37
	b) Die Wahl des richtigen Zwangsmittels	38
	2. Die besonderen Verfahrensvoraussetzungen	39
	II. Die Voraussetzungen für die Anwendung der Ersatzvornahme als Mittel der Kommunalaufsicht	40
	1. Die Zulässigkeitsvoraussetzungen	40
	a) Vertretbare Handlung	40
	b) Die Wahl des richtigen Aufsichtsmittels	40
	2. Die Verfahrensvoraussetzungen	41

Zweiter Teil

Die gesetzliche Kostenregelung bei der Ersatzvornahme im Verwaltungsrecht

§ 5	Grundzüge der gesetzlichen Kostenregelung	43
	I. Die Kostenerstattungspflicht des Handlungspflichtigen als gesetzlich angeordnete Nebenfolge der Ersatzvornahme	43
	II. Der Träger des gesetzlichen Kostenerstattungsanspruchs	44
§ 6	Der Umfang des gesetzlichen Kostenerstattungsanspruchs	46
	I. Der Umfang des gesetzlichen Kostenerstattungsanspruchs bei der Ersatzvornahme als Mittel des Verwaltungszwangs	46
	1. Die Kosten der Herbeiführung des gebotenen Handlungserfolgs — die Kosten der eigentlichen Vornahme	47
	a) im Falle der Fremdvornahme	47
	b) im Falle der Selbstvornahme	48
	2. Die Kosten der verwaltungsmäßigen Bearbeitung der Ersatzvornahme	50
	II. Der Umfang des gesetzlichen Kostenerstattungsanspruchs bei der Ersatzvornahme als Mittel der Kommunalaufsicht	51
§ 7	Die rechtlichen Voraussetzungen des gesetzlichen Kostenerstattungsanspruchs	52
	I. Die Rechtmäßigkeit der Ersatzvornahme als Voraussetzung des gesetzlichen Kostenerstattungsanspruchs	52

II. Die Voraussetzungen im einzelnen 53
      1. bei der Ersatzvornahme als Mittel des Verwaltungszwangs .. 53
      2. bei der Ersatzvornahme als Mittel der Kommunalaufsicht .. 56
   III. Die Kostentragung bei Einstellung des Verfahrens 57

§ 8 Geltendmachung und Durchsetzung des gesetzlichen Kostenerstattungsanspruchs 57
   I. Die Fälligkeit der Kostenschuld 57
   II. Die Mittel zur Geltendmachung und Durchsetzung des gesetzlichen Kostenerstattungsanspruchs 60
      1. Leistungsbescheid und zwangsweise Beitreibung im Wege der Verwaltungsvollstreckung 60
      2. Verwaltungsgerichtliche Leistungsklage 60
   III. Die Rechtsmittel gegen die Anforderung der Kosten 61
      1. Zur Zulässigkeit der verwaltungsgerichtlichen Anfechtungsklage gegen die Kostenanforderung 61
      2. Zur Frage der aufschiebenden Wirkung einer gegen die Anforderung der Kosten gerichteten Anfechtungsklage 61
         a) Zur Anwendbarkeit des § 80 Abs. 2 Nr. 1 VwGO 62
         b) Zur Anwendbarkeit des § 8 nwAG-VwGO und der entsprechenden Bestimmungen 64

Dritter Teil

Die Kostenerstattung bei der rechtswidrigen Ersatzvornahme

§ 9 Einführung in die Problematik 68

§ 10 Die Begründung eines Kostenerstattungsanspruchs nach den Grundsätzen der GoA 69
   I. Die Behandlung der Frage in Literatur und Rechtsprechung 69
   II. Die öffentlich-rechtliche GoA als Grundlage eines Kostenerstattungsanspruchs 71
      1. Die GoA im öffentlichen Recht 72
      2. Zur Frage der Anwendbarkeit der öffentlich-rechtlichen GoA neben den gesetzlichen Vorschriften zur Ersatzvornahme 73
      3. Ergebnis 77
   III. Die privatrechtliche GoA als Grundlage eines Kostenerstattungsanspruchs 77

§ 11 Die Begründung eines Kostenerstattungsanspruchs nach den Grundsätzen der ungerechtfertigten Bereicherung 78
   I. Die Behandlung der Frage in Literatur und Rechtsprechung .. 78

II. Der öffentlich-rechtliche Erstattungsanspruch als Folge einer rechtswidrigen Ersatzvornahme 79

1. Der öffentlich-rechtliche Erstattungsanspruch 79
2. Zur Frage der Anwendbarkeit des öffentlich-rechtlichen Erstattungsanspruchs neben den gesetzlichen Vorschriften zur Ersatzvornahme 81
3. Die rechtswidrige Ersatzvornahme als rechtsgrundlose Vermögensverschiebung i. S. des öffentlich-rechtlichen Erstattungsanspruchs 83
    a) Vermögensverschiebung 83
    b) Vermögensverschiebung durch Leistung 83
    c) Die Rechtsgrundlosigkeit der Vermögensverschiebung 86
4. Gegenstand und Umfang des öffentlich-rechtlichen Erstattungsanspruchs als Folge einer rechtswidrigen Ersatzvornahme 87

III. Zusammenfassung und Ergebnis 90

Schrifttumsverzeichnis   92

Abkürzungsverzeichnis

a. A.	=	anderer Ansicht
ABl.	=	Amtsblatt
a. F.	=	alter Fassung
AG	=	Amtsgericht
Anm.	=	Anmerkung
AöR n. F.	=	Archiv des öffentlichen Rechts (neue Folge) (Band, Jahrgang, Seite)
bayGemO	=	Gemeindeordnung für den Freistaat Bayern (GO) vom 5. Dezember 1973 (GVBl. 599)
bayKostG	=	(bayerisches) Kostengesetz von 1956 i. d. F. vom 25. Juni 1969 (GVBl. 165)
bayObLG	=	Bayerisches Oberstes Landesgericht
bayPAG	=	Gesetz über die Aufgaben und Befugnisse der Polizei in Bayern von 1954 i. d. F. vom 3. April 1963 (GVBl. 95)
bayPOG	=	Gesetz über die Organisation der Polizei in Bayern von 1954 i. d. F. vom 7. September 1972 (GVBl. 425)
BayVBl.	=	Bayerische Verwaltungsblätter (Jahrgang, Seite)
bayVGH	=	Bayerischer Verwaltungsgerichtshof in München
bayVwZVG	=	Bayerisches Verwaltungszustellungs- und Vollstreckungsgesetz von 1961 i. d. F. vom 11. November 1970 (GVBl. 1971, 1)
Bd.	=	Band
Bearb.	=	Bearbeiter
Beschl.	=	Beschluß
BGB	=	Bürgerliches Gesetzbuch vom 18. August 1896 (RGBl. 195)
BGBl. I	=	Bundesgesetzblatt Teil I
BGH	=	Bundesgerichtshof
BGHZ	=	Entscheidungen des Bundesgerichtshofs in Zivilsachen (Band, Seite)
blnPolZG	=	Gesetz über die Zuständigkeit der Berliner Polizei- und Ordnungsbehörden vom 2. Oktober 1958 (GVBl. 959)
blnVwVerfG	=	Gesetz über das Verfahren der Berliner Verwaltung vom 2. Oktober 1958 (GVBl. 951)
Branntwein- monopolG	=	Gesetz über das Branntweinmonopol vom 8. 4. 1922 (RGBl. I 405)
breAG-VwGO	=	(bremisches) Gesetz zur Ausführung der Verwaltungsgerichtsordnung vom 15. März 1960 (GBl. 25)
brePolG	=	(bremisches) Polizeigesetz vom 15. Juli 1960 (GBl. 73)
breVwVerfG	=	(bremisches) Gesetz über das Verwaltungsverfahren und den Verwaltungszwang von 1934 i. d. F. vom 1. April 1960 (GBl. 37)
brhStVf.	=	Verfassung für die Stadt Bremerhaven von 1947 i. d. F. vom 13. Oktober 1971 (GBl. 243)
BRRG	=	Rahmengesetz zur Vereinheitlichung des Beamtenrechts (Beamtenrechtsrahmengesetz) von 1957 i. d. F. vom 17. Juli 1971 (BGBl. I 1025)

Abkürzungsverzeichnis

Bs.	=	Bescheid
BVerfG	=	Bundesverfassungsgericht
BVerfGE	=	Entscheidungen des Bundesverfassungsgerichts (Band, Seite)
BVerwG	=	Bundesverwaltungsgericht
BVerwGE	=	Entscheidungen des Bundesverwaltungsgerichts (Band, Seite)
BVwKostG	=	(Bundes-)Verwaltungskostengesetz (VwKostG) vom 23. Juni 1970 (BGBl. I 821)
BVwVG	=	(Bundes-)Verwaltungsvollstreckungsgesetz vom 27. April 1953 (BGBl. I 157)
bwAG-VwGO	=	(baden-württembergisches) Gesetz zur Ausführung der Verwaltungsgerichtsordnung vom 22. März 1960 (GBl. 94)
bwGemO	=	Gemeindeordnung für Baden-Württemberg von 1955 i. d. F. vom 16. September 1974 (GBl. 373)
bwPolG	=	(baden-württembergisches) Polizeigesetz von 1955 i. d. F. vom 16. Januar 1968 (GBl. 61)
bwVBl.	=	Baden-Württembergisches Verwaltungsblatt (Jahrgang, Seite)
bwVGH	=	Baden-Württembergischer Verwaltungsgerichtshof (in Mannheim)
bwVKO	=	Verordnung des Innenministeriums über die Erhebung von Kosten der Vollstreckung nach dem Verwaltungsvollstreckungsgesetz für Baden-Württemberg (Vollstreckungskostenordnung — VwVGKO —) vom 2. Juli 1974 (GBl. 229)
bwVwVG	=	Verwaltungsvollstreckungsgesetz für Baden-Württemberg vom 12. März 1974 (GBl. 93)
Diss. jur.	=	juristische Dissertation
Dt.GemStZ	=	Deutsche Gemeindesteuer-Zeitung (Jahrgang, Seite)
DÖV	=	Die Öffentliche Verwaltung (Jahrgang, Seite)
DVBl.	=	Deutsches Verwaltungsblatt (Jahrgang, Seite)
entspr.	=	entsprechend
Erl.	=	Erläuterung
ESVGH	=	Entscheidungssammlung des Hessischen Verwaltungsgerichtshofs und des Verwaltungsgerichtshofs Baden-Württemberg (Band, Seite)
GBl.	=	Gesetzblatt
GG	=	Grundgesetz für die Bundesrepublik Deutschland vom 23. Mai 1949 (BGBl. 1)
GoA	=	Geschäftsführung ohne Auftrag
grds.	=	grundsätzlich
GS	=	Gesetzsammlung für die Kgl. Preußischen Staaten
GVBl.	=	Gesetz- und Verordnungsblatt
heAG-VwGO	=	Hessisches Gesetz zur Ausführung der Verwaltungsgerichtsordnung vom 6. Februar 1962 (GVBl. 13)
heGemO	=	Hessische Gemeindeordnung (HGO) von 1952 i. d. F. vom 1. Juli 1960 (GVBl. 103, 164)
heSOG	=	Hessisches Gesetz über die öffentliche Sicherheit und Ordnung (HSOG) von 1964 i. d. F. vom 26. Januar 1972 (GVBl. 24)
heVGH	=	Hessischer Verwaltungsgerichtshof (in Kassel)
heVKO	=	Vollstreckungskostenordnung zum Hessischen Verwaltungsvollstreckungsgesetz (HessVwVG) vom 9. Dezember 1966 (GVBl. 327)
heVwVG	=	Hessisches Verwaltungsvollstreckungsgesetz (HessVwVG) vom 4. Juli 1966 (GVBl. 151)

hmbSOG	=	(hamburgisches) Gesetz zum Schutz der öffentlichen Sicherheit und Ordnung von 1966 i. d. F. vom 23. Dezember 1971 (GVBl. 258)
hmbVKO	=	(hamburgische) Vollstreckungskostenordnung (VKO) vom 24. Mai 1961 (GVBl. 169)
hmbVwVG	=	(hamburgisches) Verwaltungsvollstreckungsgesetz vom 13. März 1961 (GVBl. 79)
i. d. F.	=	in der Fassung
i. d. R.	=	in der Regel
i. S. (d.)	=	im Sinne (des)
i. V. m.	=	in Verbindung mit
JR	=	Juristische Rundschau (Jahrgang, Seite)
JuS	=	Juristische Schulung (Jahrgang, Seite)
JZ	=	Juristenzeitung (Jahrgang, Seite)
Kgl.	=	Königlich
KreditG	=	Gesetz über das Kreditwesen vom 10. Juli 1961 (BGBl. I 881)
lit.	=	Buchstabe
Lit.	=	Literatur
LVG	=	Landesverwaltungsgericht
MDR	=	Monatsschrift für Deutsches Recht (Jahrgang, Seite)
MVRO 165	=	Militärregierungsverordnung (für die britische Zone) Nr. 165
m. w. Nachw.	=	mit weiteren Nachweisen
ndsGemO	=	Niedersächsische Gemeindeordnung von 1955 i. d. F. vom 7. Januar 1974 (GVBl. 1)
ndsSOG	=	(niedersächsisches) Gesetz über die öffentliche Sicherheit und Ordnung vom 21. März 1951 (GVBl. 89)
ndsVwKostG	=	(niedersächsisches) Gesetz über die Erhebung von Gebühren und Auslagen in der Verwaltung (Verwaltungskostengesetz) vom 7. Mai 1962 (GVBl. 43)
NJW	=	Neue Juristische Wochenschrift (Jahrgang, Seite)
NW	=	Nordrhein-Westfalen
nwAG-VwGO	=	Gesetz zur Ausführung der Verwaltungsgerichtsordnung vom 21. Januar 1960 (BGBl. I 17) im Lande Nordrhein-Westfalen (AG VwGO) vom 26. März 1960 (GVBl. 47)
nwFSHG	=	(nordrhein-westfälisches) Gesetz über den Feuerschutz und die Hilfeleistung bei Unglücksfällen und öffentlichen Notständen vom 25. März 1958 (GVBl. 101)
nwGemO	=	Gemeindeordnung für das Land Nordrhein-Westfalen von 1952 i. d. F. vom 19. Dezember 1974 (GVBl. 1975, 91)
nwKostO	=	(nordrhein-westfälische) Kostenordnung zum Verwaltungsvollstreckungsgesetz (KostO NW) vom 30. November 1971 (GVBl. 394)
nwOBG	=	(nordrhein-westfälisches) Gesetz über Aufbau und Befugnisse der Ordnungsbehörden (Ordnungsbehördengesetz) von 1956 i. d. F. vom 28. Oktober 1969 (GVBl. 732)
nwVwVG	=	Verwaltungsvollstreckungsgesetz für das Land Nordrhein-Westfalen (VwVG NW) vom 23. Juli 1957 (GVBl. 216)
OLG	=	Oberlandesgericht

Abkürzungsverzeichnis

OVG	=	Oberverwaltungsgericht
OVGE	=	Entscheidungen der Oberverwaltungsgerichte für das Land Nordrhein-Westfalen in Münster sowie für die Länder Niedersachsen und Schleswig-Holstein in Lüneburg (Band, Seite)
OVG Hmb.	=	Hamburgisches Oberverwaltungsgericht
OVG Lbg.	=	Oberverwaltungsgericht für die Länder Niedersachsen und Schleswig-Holstein in Lüneburg
OVG Mstr.	=	Oberverwaltungsgericht für das Land Nordrhein-Westfalen in Münster
PolG	=	Polizeigesetz
prLVG	=	(preußisches) Gesetz über die allgemeine Landesverwaltung vom 30. Juli 1883 (GS 195)
prOVG	=	Preußisches Oberverwaltungsgericht
prOVGE	=	Entscheidungen des Preußischen Oberverwaltungsgerichts (Band, Seite)
prPVG	=	(preußisches) Polizeiverwaltungsgesetz vom 1. Juni 1931 (GS 77)
prZuständigkeitsG	=	(preußisches) Gesetz über die Zuständigkeit der Verwaltungs- und Verwaltungsgerichtsbehörden vom 1. August 1883 (GS 237)
Rdn.	=	Randnummer
RG	=	Reichsgericht
RGBl. I	=	Reichsgesetzblatt Teil I
RGZ	=	Entscheidungen des Reichsgerichts in Zivilsachen (Band, Seite)
RiA	=	Recht im Amt (Jahrgang, Seite)
rpGemO	=	Gemeindeordnung für Rheinland-Pfalz vom 14. Dezember 1973 (GVBl. 415)
rpKostO	=	Dritte Landesverordnung zum Verwaltungsvollstreckungsgesetz für Rheinland-Pfalz (Kostenordnung) — 3. VOVVG — vom 2. Januar 1958 (GVBl. 12)
rpPVG	=	Polizeiverwaltungsgesetz von Rheinland-Pfalz von 1954 i. d. F. vom 29. Juni 1973 (GVBl. 180)
rpVwVG	=	Verwaltungsvollstreckungsgesetz für Rheinland-Pfalz vom 8. Juli 1957 (GVBl. 101)
Rspr.	=	Rechtsprechung
RuPrVBl.	=	Reichsverwaltungsblatt und Preußisches Verwaltungsblatt (Jahrgang, Seite)
RVO	=	Reichsversicherungsordnung von 1911 i. d. F. vom 15. Dezember 1924 (RGBl. I 779)
saAG-VwGO	=	Gesetz Nr. 719. Saarländisches Ausführungsgesetz zur Verwaltungsgerichtsordnung vom 5. Juli 1960 (ABl. 558)
saGemO	=	(saarländische) Gemeindeordnung = Teil A des saKSVG
saKostO	=	Kostenordnung zum Saarländischen Verwaltungsvollstreckungsgesetz vom 3. August 1974 (ABl. 738)
saKSVG	=	Gesetz Nr. 788 über die Selbstverwaltung der Gemeinden, Ämter und Landkreise (Kommunalverwaltungsgesetz) von 1964 i. d. F. vom 2. Januar 1975 (ABl. 49)
saPOG	=	Gesetz Nr. 899 über die Organisation der Polizei im Saarland vom 17. Dezember 1969 (ABl. 1970, 33)
saVwVG	=	Gesetz Nr. 990. Saarländisches Verwaltungsvollstreckungsgesetz (SVwVG) vom 27. März 1974 (ABl. 430)
shGemO	=	Gemeindeordnung für Schleswig-Holstein von 1950 i. d. F. vom 6. April 1973 (GVBl. 89)

shLVwG	=	Allgemeines Verwaltungsgesetz für das Land Schleswig-Holstein (Landesverwaltungsgesetz) vom 18. April 1967 (GVBl. 131)
shVKO	=	(schleswig-holsteinische) Landesverordnung über die Kosten im Vollzugs- und Vollstreckungsverfahren (Vollzugs- und Vollstreckungskostenordnung — VVKO —) vom 2. Januar 1968
U.	=	Urteil
v.	=	vom
VA	=	Verwaltungsakt
Verw.Arch.	=	Verwaltungsarchiv (Band, Jahrgang, Seite)
VG	=	Verwaltungsgericht
VGHE n. F.	=	(amtliche) Sammlung von Entscheidungen des Bayerischen Verwaltungsgerichtshofs (neue Folge), I. Teil (Band, Seite)
vgl.	=	vergleiche
VO	=	Verordnung
VRspr.	=	Verwaltungsrechtsprechung in Deutschland. Sammlung oberstrichterlicher Entscheidungen aus dem Verfassungs- und Verwaltungsrecht (Band, Seite)
VV	=	Verwaltungsvorschrift
VwGO	=	Verwaltungsgerichtsordnung vom 21. Januar 1960 (BGBl. I 17)
VwVfG	=	Verwaltungsverfahrensgesetz (VwVfG) vom 25. Mai 1976 (BGBl. I 1253)
VwVG	=	Verwaltungsvollstreckungsgesetz
WHG	=	Gesetz zur Ordnung des Wasserhaushalts (Wasserhaushaltsgesetz) vom 27. Juli 1957 (BGBl. I 1110)
WVbVO	=	Erste (Reichs-)Verordnung über Wasser- und Bodenverbände vom 3. September 1937 (RGBl. I 188)
ZPO	=	Zivilprozeßordnung von 1877 i. d. F. vom 12. September 1950 (BGBl. I 533)

§ 1 Einleitung

Gegenstand der nachfolgenden Untersuchung ist die Kostentragung bei der Ersatzvornahme im Verwaltungsrecht.

Die Ersatzvornahme, also die ersatzweise Vornahme einer vertretbaren Handlung an Stelle und auf Kosten des Handlungspflichtigen — dieser weite Begriff umfaßt auch die sog. Selbstvornahme —, hat auf dem Gebiete des Verwaltungsrechts als Mittel des Verwaltungszwangs in den Verwaltungsvollstreckungs- und Polizeigesetzen sowie als Mittel der Kommunalaufsicht in den Gemeindeordnungen ihre praktisch wohl bedeutsamste gesetzliche Ausprägung gefunden.

Während Begriff, Anwendungsbereich und Voraussetzungen der verwaltungsrechtlichen Ersatzvornahme als weitgehend geklärt angesehen werden können, birgt die Kostentragung noch einige ungelöste Probleme in sich.

So ist insbesondere fraglich, ob und gegebenenfalls in welchem Umfang auch die Kosten einer fehlerhaft durchgeführten Ersatzvornahme erstattet verlangt werden können. Da hier in bestimmten Fällen ein Kostenerstattungsanspruch nach den einschlägigen gesetzlichen Vorschriften ausscheidet, stellt sich die Frage nach der Möglichkeit, einen Kostenerstattungsanspruch aus anderen Rechtsquellen abzuleiten, wobei an einen Rückgriff auf die Grundsätze der Geschäftsführung ohne Auftrag und die Herausgabe einer ungerechtfertigten Bereicherung zu denken ist. Mit der nachfolgenden Untersuchung soll der Versuch unternommen werden, neben der Klärung von weiteren offenen Einzelproblemen das Rechtsinstitut der Ersatzvornahme in seinen beiden wichtigsten verwaltungsrechtlichen Erscheinungsformen unter dem speziellen Gesichtspunkt der Kostentragung umfassend und systematisch darzustellen. Dabei soll der hinsichtlich der Kostenregelung in Bund und Ländern recht unterschiedlichen gesetzlichen Ausgestaltung der Ersatzvornahme besondere Beachtung zukommen.

Erster Teil

Begriff, Anwendungsbereich und Voraussetzungen der Ersatzvornahme im Verwaltungsrecht

§ 2 Der Begriff der Ersatzvornahme

I. Der Begriff der Ersatzvornahme im Allgemeinen

Der Begriff der Ersatzvornahme ist als juristischer Terminus in verschiedenen Zweigen des Rechts geläufig, so im öffentlichen Recht als Mittel des Verwaltungs- und Polizeizwangs[1] und als Mittel der Kommunalaufsicht[2] sowie im Zivilrecht als zivilprozessuales Vollstreckungsmittel[3], um nur die praktisch wichtigsten Erscheinungsformen zu nennen[4].

Gemeinsames Merkmal aller als Ersatzvornahme bezeichneten Tatbestände ist ein bestimmtes Verfahren, nämlich die ersatzweise Vornahme einer zivilrechtlich oder öffentlich-rechtlich geschuldeten Handlung an Stelle und auf Kosten des Handlungspflichtigen. Dabei kann die ersatzweise vorzunehmende Handlung naturgemäß nur eine vertretbare, also nicht nur von dem Handlungspflichtigen höchstpersönlich erbringbare Handlung sein[5]. Das heißt, die Vornahme durch einen anderen muß für den „Gläubiger" dieselbe rechtliche und tatsächliche Bedeutung haben[6]. Daraus folgt auch, daß für die Ersatzvornahme als Handlung nur ein positives Tun in Betracht kommt, denn Duldung und Unterlassung sind stets unvertretbar[7].

Wenn somit das Rechtsinstitut der Ersatzvornahme in seinem Kerngehalt solchermaßen begrifflich umrissen ist, gilt es im folgenden, die für die vorliegende Abhandlung relevanten Begriffe der Ersatzvor-

---

[1] Vgl. z. B. §§ 9 Abs. 1, 10 BVwVG; § 25 rpPVG.
[2] Vgl. z. B. § 109 Abs. 2 nwGemO.
[3] Vgl. § 887 ZPO.
[4] s. auch u. a. § 379 RVO; § 109 BranntweinmonopolG.
[5] *Drescher*, S. 34; *Merkl*, S. 284. Vgl. auch § 59 nwVwVG; § 887 ZPO.
[6] *Engelhardt*, § 10, Rdn. 4; *v. Rosen-v. Hoevel*, § 10, Erl. II. 1. b).
[7] *Engelhardt*, § 10, Rdn. 4; *Hoffmann*, DÖV 1967, 298.

II. Der Begriff der Ersatzvornahme als Mittel des Verwaltungszwangs

Die ersatzweise Vornahme einer vertretbaren Handlung an Stelle und auf Kosten des Handlungspflichtigen ist neben dem Zwangsgeld und dem unmittelbaren Zwang eines der drei klassischen Vollziehungsmittel, die der Durchsetzung öffentlich-rechtlicher Handlungs-, Duldungs- oder Unterlassungspflichten dienen.

1. Der Begriff der Ersatzvornahme in Preußen und im geltenden Recht des Bundes und der Länder

Eine gesetzliche Regelung des Zwangsmittels der Ersatzvornahme[8] findet sich bereits in § 132 des prLVG vom 30. 7. 1883: „Die Behörde hat, sofern es tunlich ist, die zu erzwingende Handlung durch einen Dritten ausführen zu lassen und den vorläufig bestimmten Kostenbetrag im Zwangswege von dem Verpflichteten einzuziehen[9]." Nur diese Form der Vornahme „durch einen Dritten" galt als Ersatzvornahme, wogegen die Herstellung des gebotenen Zustands durch eigene Kräfte der anordnenden Behörde dem Begriff des unmittelbaren Zwangs i. S. d. § 132 Ziff. 3 prLVG unterfiel[10].

Anders als in § 132 prLVG ist in dem diese Vorschrift — zumindest im polizeilichen Bereich — ablösenden § 55 prPVG[11] von der Ausführung durch einen Dritten zunächst nicht die Rede. § 55 Abs. 1 prPVG nennt als Zwangsmittel das Zwangsgeld, den unmittelbaren Zwang und die „Ausführung der zu erzwingenden Handlung auf Kosten des Pflichtigen". Die Möglichkeit der Ausführung durch einen Dritten wird erst in § 55 Abs. 2 S. 4 prPVG erwähnt, wobei für diesen Fall gefordert wird, daß die Höhe des Kostenbetrages in der Androhung zu veranschlagen sei.

Trotz des nicht eindeutigen Wortlauts der Bestimmung des § 55 Abs. 1 prPVG nahm die h. M. jedoch eine Ersatzvornahme nur bei der Ausführung der zu erzwingenden Handlung durch einen selbständig handelnden Dritten an[12]. Es sei kein Grund ersichtlich, so führte das

---
[8] Auch Zwangsersatzvornahme genannt; vgl. *Drescher*, S. 33 f.
[9] § 132 Ziff. 1 prLVG.
[10] *Küchenhoff*, RuPrVBl. 1931, 788.
[11] § 55 prPVG gilt auch heute noch im Saarland (eingeführt durch VO v. 22. 2. 1935). s. hierzu auch § 80 Abs. 2 saVwVG.
[12] *Drews / Wacke / Vogel*, S. 313; *Ule / Rasch*, § 55 (prPVG), Rdn. 11, S. 208; prOVG, U. v. 4. 4. 1940, prOVGE 105, 240 ff. (242 ff.); OVG Mstr., Bs. v.

§ 2 Der Begriff der Ersatzvornahme

prOVG in einer Entscheidung aus dem Jahre 1940 hierzu aus, „weshalb das Gesetz die im Interesse des Pflichtigen in Satz 4 ergangene Bestimmung über die Mitteilung der wahrscheinlichen Kosten nur für den einen Fall, nicht aber auch, wenn es ihn geben würde, für den anderen Fall der Ersatzvornahme hätte treffen sollen"[13]. Als Ersatzvornahme i. S. d. § 55 prPVG galt folglich nur die „Fremdvornahme", wohingegen die „Selbstvornahme" als besondere Form des unmittelbaren Zwangs angesehen wurde[14].

Diese zumindest in Preußen herrschende Auffassung über den Begriffsinhalt der Ersatzvornahme anerkannten einige neuere Gesetze[15], indem sie bei der Regelung der Ersatzvornahme wieder auf die Form zurückgriffen, die dieses Rechtsinstitut durch den § 132 prLVG erfahren hatte[16].

So gilt der herkömmliche Begriff der Ersatzvornahme heute noch aufgrund ausdrücklicher gesetzlicher Definition in Nordrhein-Westfalen[17], Rheinland-Pfalz[18] (jedoch lediglich für den nichtpolizeilichen Bereich), sowie im Geltungsbereich des BVwVG[19] und in Berlin[20]. Ebenso galt er noch bis zum Erlaß des bwVwVG im Jahre 1974 in Baden-Württemberg[21].

In den Ländern Baden-Württemberg, Bayern, Bremen, Hamburg, Hessen, Schleswig-Holstein, Niedersachsen, Rheinland-Pfalz (jedoch nur für den Bereich des Polizeivollzugsdienstes) sowie im Saarland (nur für den nichtpolizeilichen Bereich) gilt dagegen ein erweiterter Begriff der Ersatzvornahme, der auch die Selbstvornahme durch die Polizei- oder Vollzugsbehörde mit umfaßt[22]. Teils ergibt sich dieser weite Begriff aus ausdrücklicher gesetzlicher Definition[23], teils daraus, daß in der entsprechenden Vorschrift nur von der „Ausführung der zu erzwingenden Handlung auf Kosten des Pflichtigen" (ohne den Zusatz „durch einen Dritten") die Rede ist[24].

---

27. 1. 1953, OVGE 7, 27 ff. — a. A.: *Franzen*, § 55, Erl. 6; *Friedrichs*, prPVG, § 55, Erl. 8; *Küchenhoff*, RuPrVBl. 1931, 789.
[13] prOVG, U. v. 4. 4. 1940, prOVGE 105, 240 ff. (244).
[14] Vgl. *Hoffmann*, DÖV 1967, 296.
[15] nwVwVG v. 23. 7. 1957; rpVwVG v. 8. 7. 1957; BVwVG v. 27. 4. 1953.
[16] *Pünder*, S. 169 f.
[17] § 59 nwVwVG.
[18] § 63 rpVwVG.
[19] § 10 BVwVG.
[20] § 10 BVwVG i. V. m. § 16 Abs. 2 blnVwVerfG.
[21] § 34 bwPolG a. F. ist durch § 33 bwVwVG aufgehoben worden.
[22] § 25 bwVwVG; Art. 11 bayPAG; Art. 32 bayVwZVG; § 15 breVwVerfG; § 7 brePolG; § 14 lit. a) hmbVwVG; § 74 heVwVG; § 26 heSOG; § 204 shLVwG; § 35 Abs. 1 ndsSOG; § 25 rpPVG; § 21 saVwVG.
[23] Vgl. z. B. § 74 heVwVG; § 25 bwVwVG; Art. 11 bayPAG; § 25 rpPVG.
[24] So Art. 32 bayVwZVG; § 35 Abs. 1 ndsSOG. In Art. 32 bayVwZVG ist von der Befugnis der Behörde gesprochen, „die Handlung auf Kosten des Pflich-

II. Der Begriff der EV als Mittel des Verwaltungszwangs

Der Bedeutungsinhalt der Ersatzvornahme ist im geltenden Recht insofern also uneinheitlich, als die Vornahme der zu erzwingenden Handlung durch die Polizei- oder Vollzugsbehörde selbst teils als Form des unmittelbaren Zwangs und damit als ein aliud zur Ersatzvornahme, teils als Unterfall der Ersatzvornahme angesehen wird.

Diese unterschiedliche begriffliche Zuordnung der Selbstvornahme hat jedoch nicht nur terminologische Bedeutung.

Die Anwendung eines Zwangsmittels ist grds. vorher anzudrohen[25]. Es reicht jedoch nicht aus, allgemein die zwangsweise Durchsetzung der aufgegebenen Handlung anzudrohen; vielmehr muß sich die Androhung bereits auf ein bestimmtes Zwangsmittel beziehen[26]. Wird nun z. B. die Ersatzvornahme angedroht, so kann die zugrundeliegende Verfügung nicht im Wege der Selbstvornahme vollzogen werden, wo sich diese als Ausübung unmittelbaren Zwangs darstellt. Die Selbstvornahme bedarf in diesem Fall einer erneuten Androhung, diesmal der Androhung unmittelbaren Zwangs[27]. Dagegen ist es unter Geltung derjenigen Gesetze, die den weiten Begriff der Ersatzvornahme beinhalten, der Vollzugsbehörde freigestellt, ob sie nach der Androhung des Zwangsmittels Ersatzvornahme die zu erzwingende Handlung selbst vornimmt oder einen Dritten mit der Vornahme beauftragt.

---

tigen vornehmen (zu) lassen". Die Worte „vornehmen lassen" werden aber in Lit. u. Rspr. so ausgelegt, daß hiermit nicht nur die Ersatzvornahme durch Dritte gemeint sei, sondern daß die Ersatzvornahme auch durch Handlungen von Bediensteten der Vollzugsbehörde möglich sein soll (*Schmitt-Lermann*, Art. 32, Erl. 5; bayVGH, U. v. 23. 7. 1965, VGHE n. F. 18, 74 ff. [74]).

Streitig ist dagegen, ob auch die Ersatzvornahme nach § 35 Abs. 1 ndsSOG die Selbstvornahme begrifflich mit umfaßt (zustimmend: *Ule / Rasch*, § 35 [ndsSOG], Erl. 2, S. 543; *Hoffmann*, DÖV 1967, 296; *Scheer*, S. 105; — ablehnend: *Drews / Wacke / Vogel*, S. 313 f.; *Müller-Heidelberg / Clauss*, § 36, Erl. 2; *Götz*, S. 171). Nach *Drews / Wacke / Vogel*, a.a.O., folgt die Beschränkung der Ersatzvornahme i. S. d. § 35 ndsSOG auf die Fremdvornahme daraus, daß der § 35 ndsSOG „die Formulierung des § 55 Abs. 1 prPVG, die in diesem Sinne zu verstehen war, unverändert übernimmt". Dieser Argumentation kann jedoch nicht gefolgt werden, da sich der enge Begriff der Ersatzvornahme unter der Geltung des prPVG nicht aus § 55 Abs. 1 prPVG, sondern aus der Bestimmung des § 55 Abs. 2 S. 4 prPVG ergibt, in dem von der „Ausführung der zu erzwingenden Handlung durch einen Dritten" die Rede ist (s. prOVG, U. v. 4. 4. 1940, prOVGE 105, 240 ff. [242]). Diese Formulierung ist aber nicht in das ndsSOG übernommen worden — die dem § 55 Abs. 2 S. 4 prPVG inhaltlich entsprechende Bestimmung des § 37 Abs. 1 S. 3 ndsSOG spricht lediglich von „Ersatzvornahme" —, so daß zu einer engen Auslegung des Begriffs der Ersatzvornahme unter Geltung des ndsSOG (§ 35 Abs. 1) kein Grund besteht.

[25] Vgl. z. B. § 13 Abs. 1 BVwVG; § 69 Abs. 1 heVwVG; § 62 Abs. 1 nwVwVG. — Anders jedoch § 18 Abs. 2 S. 1 hmbVwVG; danach ist lediglich ein Hinweis erforderlich.

[26] So z. B. § 13 Abs. 3 BVwVG; § 69 Abs. 1 S. 1 heVwVG; § 62 Abs. 3 nwVwVG.

[27] *Ule / Rasch*, § 55 (prPVG), Rdn. 11, S. 208; *Altmeyer / Lahm*, § 63, Anm. II.

Der praktische Unterschied zwischen engem und weitem Begriff der Ersatzvornahme wird jedoch insbesondere unter dem Gesichtspunkt der Kostentragung deutlich. Während die Ersatzvornahme grds. kostenpflichtig ist, ist die Anwendung unmittelbaren Zwangs und damit auch nach herkömmlicher Terminologie die Selbstvornahme weitgehend kostenfrei[28]. Die kostenmäßige Gleichbehandlung von Fremdvornahme und Selbstvornahme war geradezu das gesetzgeberische Motiv für die Schaffung des neueren (weiten) Begriffs der Ersatzvornahme[29].

2. Die Abgrenzung der Ersatzvornahme vom unmittelbaren Zwang

Aus eben diesen Gründen — Bestimmtheitserfordernis und unterschiedlicher Kostenregelung — ergibt sich auch allgemein die materiellrechtliche Bedeutung der Qualifizierung einer Zwangsmaßnahme als Ersatzvornahme oder als Anwendung unmittelbaren Zwangs und damit die Notwendigkeit einer genauen Abgrenzung zwischen diesen beiden Zwangsmitteln.

Im folgenden soll zunächst eine allgemeine Abgrenzung unter Zugrundelegung des weiten Begriffs der Ersatzvornahme erfolgen, sodann die Abgrenzung von Ersatzvornahme und Selbstvornahme i. S. d. herkömmlichen Terminologie.

a) Die allgemeine Abgrenzung

Wie oben bereits ausgeführt wurde, ist die Vertretbarkeit der zu erzwingenden Handlung notwendiges Begriffsmerkmal der Ersatzvornahme. Handlungen zur Bewirkung unvertretbaren Tuns sind daher nie Ersatzvornahme, sondern allenfalls unmittelbarer Zwang[30]. Umgekehrt schließt jedoch die Vertretbarkeit der zu erzwingenden Handlung nicht begriffsnotwendig den unmittelbaren Zwang aus[31], so daß dieses Merkmal nur im Falle des Nichtvorhandenseins ein hinreichendes Abgrenzungskriterium abgibt.

Teilweise wird in der Literatur bei der Abgrenzung auch darauf abgestellt, ob die zur Durchsetzung der Verfügung ausgeführten Handlungen „Zwangscharakter oder lediglich Ersatzfunktion" haben[32].

Es trifft zwar zu, daß von unmittelbarem Zwang nur dann die Rede sein kann, wenn die behördlichen Maßnahmen gegen den Willen und

---

[28] *Schleberger*, S. 97; *Drews / Wacke* (7. Aufl.), S. 372.
[29] *Drews / Wacke / Vogel*, S. 314; *Hoffmann*, DÖV 1967, 296. s. auch die amtliche Begründung zum hmbVwVG, abgedruckt in: „Mitteilungen für die Verwaltung der Freien und Hansestadt Hamburg", 1961, S. 183.
[30] s. dazu *Hoffmann*, DÖV 1967, 299.
[31] *Hoffmann*, DÖV 1967, 299; *v. Rosen-v. Hoevel*, § 10 Erl. II 2.
[32] So z. B. *v. d. Groeben / Knack*, § 204, Rdn. 2.2.

gegebenenfalls auch gegen den Widerstand des Pflichtigen vorgenommen werden[33]; denn der unmittelbare Zwang ist seinem Inhalt nach Gewaltanwendung[34]. Das Merkmal des Zwangs ist jedoch nicht nur dem unmittelbaren Zwang eigen. Auch der Ersatzvornahme kommt der Charakter eines echten Zwangsmittels schon allein dadurch zu, daß mit der Ersatzvornahme dem Pflichtigen die besondere Pflicht auferlegt wird, die Herbeiführung des befehlsgemäßen Zustands zu dulden[35]. Die Ersatzvornahme *kann* sich als zwangloses Vollziehungsmittel darstellen[36] — hierin liegt ein Unterschied gegenüber dem unmittelbaren Zwang —; hingegen läßt die Qualifizierung behördlichen Handelns als Maßnahme mit Zwangscharakter keinen zwingenden Schluß auf das Vorliegen unmittelbaren Zwangs zu.

Ein wesentliches Abgrenzungskriterium ist jedoch mit dem Hinweis auf die Ersatzfunktion der die Ersatzvornahme darstellenden Handlung angedeutet. Von Ersatzvornahme (= ersatzweise Vornahme der dem Pflichtigen obliegenden Handlung) kann nur dann gesprochen werden, wenn die geforderte und die zur Durchsetzung des Handlungsgebots vorgenommene Handlung im Hinblick auf ihren Handlungserfolg identisch sind. Nicht die Handlung wird durch die Ersatzvornahme ersetzt, sondern lediglich die Person des Handelnden. Daher ist die Durchsetzung einer Verfügung keine Ersatzvornahme, sondern allenfalls unmittelbarer Zwang, wenn die fragliche Handlung nur mittelbar zur Herstellung des gebotenen Zustands führt, also ein aliud zu der dem Pflichtigen obliegenden vertretbaren Handlung darstellt. Wird jedoch durch die Handlung unmittelbar der Zustand herbeigeführt, dessen Herstellung dem Pflichtigen aufgrund eines auf die Vornahme einer vertretbaren Handlung gerichteten Gebotes oblag, so liegt Ersatzvornahme vor[37].

Ersatzvornahme und unmittelbarer Zwang können gleichzeitig vorliegen, etwa wenn Behördenbedienstete den Widerstand des Pflichtigen brechen, während ein anderer die Ersatzhandlung ausführt. Die Ersatzhandlung selbst wird aber nicht dadurch zum unmittelbaren Zwang, daß sie von Behördenbediensteten gegen den Widerstand des Pflichtigen vorgenommen wird[38]. Der unmittelbare Zwang als subsidiäres Zwangs-

---

[33] s. VV 61.12 zu § 61 nwVwVG.
[34] *Pünder*, S. 190.
[35] *Forsthoff*, S. 288.
[36] Vgl. das Beispiel bei *Pünder*, S. 171 f. *Pünder*, S. 172 und ebenso *Pfeiffer*, bwVBl. 1957, 3, sprechen daher auch vom „Januskopf" der Ersatzvornahme.
[37] OVG Mstr., Bs. v. 27. 1. 1953, OVGE 2, 27 ff. (30); *Hoffmann*, DÖV 1967, 299; *Drews / Wacke / Vogel*, S. 323.
[38] a. A. sind *Schmitt-Lermann*, Art. 32, Erl. 5 und *Forsthoff*, S. 299, Fußn. 1. *Forsthoff* verweist in diesem Zusammenhang auf das Urteil des prOVG v. 4. 4. 1940, prOVGE 105, 240 ff. und übersieht dabei offensichtlich, daß in dieser

mittel hat nur dort Platz, wo die Ersatzvornahme begrifflich nicht vorliegt[39]. Das ist aber nur dann der Fall, wenn es entweder um die Durchsetzung einer unvertretbaren Handlung geht oder an der Unmittelbarkeit der Herbeiführung des gebotenen Zustands fehlt[40].

Um Mißverständnissen zu begegnen, sei noch angemerkt, daß die hier aufgezeigte allgemeine Abgrenzung unter Zugrundelegung des engen Begriffs der Ersatzvornahme natürlich nur insoweit gilt, als es um die Zuordnung der Ausführung durch einen Dritten, also einer Fremdvornahme geht, da die Selbstvornahme ja hier in jedem Fall als Ausübung unmittelbaren Zwangs angesehen wird.

b) Die Abgrenzung der Ersatzvornahme von der Selbstvornahme i. S. der herkömmlichen Terminologie

Wird die zu erzwingende Handlung allein von eigenen Vollzugsdienstkräften der anordnenden Behörde vorgenommen, so handelt es sich stets um einen Fall der Selbstvornahme und damit nach der herkömmlichen Terminologie um unmittelbaren Zwang[41]. Führt dagegen eine von der Vollzugsbehörde beauftragte Privatperson oder ein privates Unternehmen in eigener Regie ohne weitere Mitwirkung von Behördenbediensteten die erforderlichen Arbeiten aus, so liegt darin eine Ersatzvornahme[42].

In der Praxis tauchen jedoch auch häufig Fälle auf, in denen Vollzugsdienstkräfte und beauftragte Privatperson bei der Vornahme zusammenwirken. Hier gleich auf das Vorliegen einer Ersatzvornahme i. S. der Ausführung durch einen Dritten zu schließen, wäre falsch, da nicht jede Mitwirkung eines beauftragten Dritten die Selbstvornahme ausschließt[43]. Es ist vielmehr im Einzelfall darauf abzustellen, inwieweit die Behörde selbst Einfluß auf den Ablauf der Arbeiten nimmt, inwieweit sie selbst bei der Ausführung „als Herr der ganzen Maßnahme" in Erscheinung tritt[44]. Dieses richtet sich nach dem Grad der Weisungsgebundenheit und Selbständigkeit der herangezogenen Personen[45]. Die Grenzen sind jedoch fließend[46].

Entscheidung von dem engen Begriff der Ersatzvornahme ausgegangen wird, wonach die Ausführung der Handlung durch Behördenbedienstete nie Ersatzvornahme, sondern stets unmittelbarer Zwang ist.

[39] Vgl. *Götz*, S. 171: „(Die Ersatzvornahme ist), sofern ihre Voraussetzungen vorliegen, gegenüber dem unmittelbaren Zwang als das speziellere Institut anzusehen."

[40] Vgl. *Drews / Wacke / Vogel*, S. 323.

[41] *Pünder*, S. 178; *Rietdorf*, nwVwVG, § 59, Erl. 1.; *Drews / Wacke / Vogel*, S. 314; OVG Mstr., Bs. v. 27. 1. 1953, OVGE 7, 27 ff. (31).

[42] *Drews / Wacke / Vogel*, S. 314; OVG Mstr., OVGE 7, 31.

[43] *Pünder*, S. 178. Vgl. auch § 11 Abs. 2 Nr. 7 nwKostO.

[44] *Pünder*, S. 178; *Engelhardt*, S. 10, Rdn. 3; *Rietdorf*, nwVwVG, § 59, Erl. 2.; OVG Mstr., OVGE 7, 31.

Problematisch ist die Abgrenzung ferner, wenn z. B. die Polizei oder Bauaufsichtsbehörde als Vollzugsbehörde amts- oder behördenfremde Dienstkräfte (Gemeindearbeiter, Bedienstete des städt. Fuhrparks, Angehörige der Bundeswehr usw.) mit der Vornahme beauftragt.

Sicherlich liegt auch hier — wie bei der Beauftragung von Privatpersonen — eine Selbstvornahme vor, wenn die Vollzugsbehörde „als Herr der ganzen Maßnahme" in Erscheinung tritt. Hier kommt diesem Abgrenzungskriterium jedoch in gewisser Hinsicht eine zusätzliche Bedeutung zu: Es geht um die Frage, ob das Handeln der hinzugezogenen Dienstkräfte nicht schon allein aufgrund ihrer Dienststellung als Handeln der Vollzugsbehörde anzusehen ist, so daß es bereits an dem Handeln eines *Dritten* fehlt.

So liegt nach wohl h. M. auch stets eine Selbstvornahme und keine Ausführung durch einen Dritten vor, wenn die vertretbare Handlung durch ein anderes Amt derselben Dienstkörperschaft vorgenommen wird[47], wie beispielsweise bei der Durchsetzung einer Abbruchverfügung durch die städt. Berufsfeuerwehr im Auftrage des städt. Bauamts. Denn bei der Tätigkeit der Berufsfeuerwehr und des Bauamts handelt es sich nur um „verschiedene Wirkungskreise einer im übrigen einheitlichen Verwaltungsorganisation"[48]. Vollzugsbehörde und Dienstherr der ausführenden Dienstkräfte sind hier identisch.

Dagegen wird man die Ausführung durch Dienstkräfte einer anderen Dienstkörperschaft als Ausführung durch einen Dritten ansehen können[49]. Hier ist die Abgrenzung nach dem Kriterium „Herr der ganzen Maßnahme" so vorzunehmen, als wenn eine Privatperson beauftragt worden wäre.

III. Der Begriff der Ersatzvornahme als Mittel der Kommunalaufsicht

Im Kommunalrecht ist der Begriff der Ersatzvornahme erst jüngeren Datums, obschon das Verfahren an sich, ein Handeln durch die Aufsichtsbehörde an Stelle und auf Kosten der handlungspflichtigen Gemeinde, schon im Preußischen Zuständigkeitsgesetz von 1883[50] durch

---
[45] *Pünder*, S. 179.
[46] *Pünder*, S. 179.
[47] *Pünder*, S. 178; *Drews / Wacke / Vogel*, S. 314. — a. A. *Reiff / Wöhrle*, § 34, Rdn. 3; LVG Düsseldorf, U. v. 15. 2. 1952, Der Städtetag 1953, 78.
[48] *Pünder*, S. 178.
[49] Vgl. die Ausführungen zu § 10 BVwVG bei *Thomas*, DVBl. 1961, 905. — a. A. ist wohl *Dietel / Gintzel*, S. 140, der die Ausführung durch die Feuerwehr oder Bundeswehr in jedem Fall als Selbstvornahme der um die Ausführung ersuchenden Behörde ansieht.
[50] Preußisches Gesetz über die Zuständigkeit der Verwaltungs- und Verwaltungsgerichtsbehörden vom 1. August 1883.

die sog. Zwangsetarisierung eine besondere gesetzliche Ausprägung gefunden hatte[51]: Unterließ oder verweigerte die Gemeinde die Erfüllung der ihr obliegenden, von der zuständigen Behörde festgestellten Verpflichtungen, so konnte die Aufsichtsbehörde an Stelle und auf Kosten der Gemeinde die Eintragung der nötigen Ausgaben in den Haushaltsplan verfügen. Die rechtliche Qualifizierung dieser Maßnahme als Ersatzvornahme wird aber erst viel später durch *Dörre*[52] und *W. Jellinek*[53] vorgenommen, wobei Jellinek die Zwangsetarisierung als „wichtigsten Fall der Ersatzvornahme" ansieht[54] und diese somit bereits als einen selbständigen Typus aufsichtsrechtlichen Handelns versteht.

Heute bezeichnet der Begriff der Ersatzvornahme ein gesetzlich ausgeprägtes Aufsichtsmittel eigener Art zur Durchsetzung aufsichtsbehördlicher Gebote[55]: Kommt die Gemeinde der Anordnung der Aufsichtsbehörde nicht innerhalb der bestimmten Frist nach, so kann die Aufsichtsbehörde die Anordnung an Stelle und auf Kosten der Gemeinde durchführen[56]. Dabei kann die Durchführung nach allen Gemeindeordnungen sowohl durch die Aufsichtsbehörde selbst als auch durch einen beauftragten Dritten erfolgen. Dementsprechend wird auch in der kommunalrechtlichen Literatur überwiegend nicht zwischen Fremdvornahme und Selbstvornahme unterschieden[57].

Der Anwendungsbereich der Ersatzvornahme ist jedoch in den Gemeindeordnungen der Länder unterschiedlich ausgestaltet. So ist z. B. nach § 123 bwGemO und Art. 113 bayGemO der Aufsichtsbehörde das Recht gegeben, Anordnungen durchzuführen wie auch beanstandete Gemeindebeschlüsse aufzuheben, während andere Gemeindeordnungen ein eigenes Aufhebungs- und Beanstandungsrecht kennen und den Anwendungsbereich der Ersatzvornahme im formellen Sinne auf die Durchsetzung einer auf ein positives Tun gerichteten Anordnung beschränken[58].

Obgleich sich diese Untersuchung aus Gründen der Übersichtlichkeit nur mit der soeben behandelten förmlichen Ersatzvornahme befassen

---

[51] §§ 19, 35, 48 prZuständigkeitsG.
[52] *Dörre*, S. 34.
[53] *Jellinek*, S. 534.
[54] *Jellinek*, ebd.
[55] *Pagenkopf*, S. 378.
[56] § 123 bwGemO; Art. 113 bayGemO; § 68 brhStVf; § 140 heGemO; § 131 Abs. 2 ndsGemO; § 109 Abs. 2 nwGemO; § 123 rpGemO; § 129 saGemO; § 125 shGemO.
[57] *Schnapp*, S. 36. — Anders jedoch *Rauball*, § 109, Erl. 4, 5, der zwischen der Ersatzvornahme und der Selbstvornahme differenziert. Vgl. auch *Wolff*, Verwaltungsrecht II, § 77 II. d) 4., S. 104 f.
[58] So z. B. § 109 Abs. 2 nwGemO; § 131 Abs. 2 ndsGemO; § 140 heGemO; § 125 shGemO.

III. Der Begriff der EV als Mittel der Kommunalaufsicht

wird, sei noch kurz auf zwei weitere Aufsichtsmaßnahmen hingewiesen, die mit der förmlichen Ersatzvornahme einige Ähnlichkeiten aufweisen und in der Literatur auch z. T. als Ersatzvornahme bezeichnet werden. Es handelt sich hierbei um den sog. Selbsteintritt nach § 10 nwOBG[59] und die kommissarische Verwaltung nach § 110 nwGemO[60].

Durch den Selbsteintritt wird die Sonderaufsichtsbehörde in die Lage versetzt, die notwendige ordnungsbehördliche Maßnahme nach Weisung und Fristsetzung selbst durchzuführen oder einem Dritten zu übertragen[61]. Die Kosten fallen dabei der beaufsichtigten, das heißt der zunächst zuständigen Behörde zur Last[62].

Trotz weitgehender Gemeinsamkeiten ist dieses Aufsichtsmittel von der Ersatzvornahme i. S. der Gemeindeordnungen zu unterscheiden[63], da ihm die für die förmliche Ersatzvornahme charakteristische „transitorische Wirkung"[64] fehlt. Während bei der Ersatzvornahme der Akt der Aufsichtsbehörde so angesehen wird, als ob er von der beaufsichtigten Gemeinde ausginge[65], sind die von der Aufsichtsbehörde nach Selbsteintritt getroffenen Maßnahmen solche der eintretenden Behörde[66].

Unter bestimmten Voraussetzungen kann die Kommunalaufsichtsbehörde Beauftragte bestellen, die alle oder einzelne Aufgaben der Gemeinde auf deren Kosten wahrnehmen[67]. Von der Ersatzvornahme unterscheidet sich die kommissarische Verwaltung bereits in einem wesentlichen Punkt: Mit der Ernennung durch die Aufsichtsbehörde rückt der Beauftragte in eine Organstellung zu der Gemeinde[68]. Amtshandlungen des Beauftragten sind also Handlungen eines Organs der Gemeinde und nicht Handlungen der Aufsichtsbehörde *an Stelle* der beaufsichtigten Gemeinde[69], wie es bei der Ersatzvornahme der Fall ist[70]. Somit kann die kommissarische Verwaltung auch nicht als eine Ersatzvornahme in einem materiellen Sinne angesehen werden[71].

---

[59] s. auch §§ 14, 51 Abs. 2 bwPolG; Art. 10, 16 bayPOG; § 5 blnPolZG; § 66 Abs. 2 brePolG; § 62 heSOG; §§ 47 Abs. 2, 49 ndsSOG; § 80 Abs. 2 rpPVG; § 5 Abs. 2 saPOG; §§ 16, 18 shLVwG.

[60] s. auch § 124 bwGemO; Art. 114 bayGemO; § 96 brhStVf; § 141 heGemO; § 132 ndsGemO; § 124 rpGemO; § 130 saGemO; § 127 shGemO.

[61] *Rietdorf*, nwOBG, § 10, Rdn. 4.

[62] Das folgt in NW schon aus dem Verweis in § 10 nwOBG auf § 109 Abs. 2 nwGemO. s. auch *Reiff / Wöhrle*, § 51, Rdn. 6.

[63] Anders jedoch *Rauball*, § 109, Erl. 5.

[64] *Schnapp*, S. 40.

[65] *Schlempp*, § 140, Erl. I.; *Schnapp*, S. 85 f.

[66] VV 10.2 zu § 10 nwOBG; *Reiff / Wöhle*, § 51, Rdn. 6.

[67] § 110 nwGemO u. die entspr. Vorschriften (s. Fußn. 60).

[68] Vgl. z. B. § 110 S. 2 nwGemO. s. auch *Schlempp*, § 141, Erl. I.

[69] *Schlempp*, § 141, Erl. I.

[70] *Schnapp*, S. 85.

§ 3 Die Ersatzvornahme als Vollzugs- und Aufsichtsmittel

Galten die vorstehenden Ausführungen vorwiegend der begrifflichen Umreißung des als Ersatzvornahme bezeichneten Verfahrens, wie es sich in den Verwaltungsvollstreckungs- und Polizeigesetzen sowie in den Gemeindeordnungen darstellt, so sollen im folgenden Funktion und Anwendung der Ersatzvornahme in ihren wichtigsten verwaltungsrechtlichen Ausprägungen im Vordergrund stehen.

Hierzu ist zunächst eine eingehendere Betrachtung des Verwaltungszwangs und der Kommunalaufsicht erforderlich, da diese den äußeren Rahmen für den rechtlichen und tatsächlichen Anwendungsbereich der Ersatzvornahme abgeben.

I. Der Verwaltungszwang

1. Der Gegenstand des Verwaltungszwangs

Der Verwaltungszwang stellt ein bestimmtes Verfahren der Verwaltung dar, öffentlich-rechtliche Handlungs-, Duldungs- oder Unterlassungspflichten auch gegen den Willen des Pflichtigen tatsächlich durchzusetzen.

Gibt die Verwaltung dem einzelnen durch Verwaltungsakt konkrete Pflichten auf, die auf ein Handeln, Dulden oder Unterlassen gerichtet sind, so unternimmt sie hiermit regelmäßig den Versuch, den befehlsgemäßen Zustand durch den Pflichtigen selbst herbeizuführen[1]. Die Verwirklichung des Verwaltungsakts liegt also zunächst in der Hand des Betroffenen. Bleibt dieser Versuch jedoch erfolglos, so ist der Verwaltung unter gewissen Voraussetzungen die Möglichkeit gegeben, den Pflichtigen zur Erfüllung der Pflicht zu zwingen oder den erstrebten Erfolg auch gegen den Willen des Pflichtigen selbst unmittelbar herbeizuführen, ohne daß es dazu erst eines gerichtlichen Ausspruchs bedürfte. Diese Verwirklichung des Verwaltungsakts ist der Verwaltungszwang[2].

Grundlage des Verwaltungszwangs ist also der ein Handeln, Dulden oder Unterlassen gebietende Verwaltungsakt als Vollstreckungstitel[3],

---

[71] Anders noch *Jellinek*, S. 534: „Ersatzvornahme ist ferner die kommissarische Verwaltung."

[1] *Drescher*, S. 26.

[2] *Forsthoff*, S. 290 f.

[3] s. hierzu auch *Arndt*, Der VA als Grundlage der Verwaltungsvollstreckung; *Winterstetter*, Der VA als Vollstreckungstitel.

Gegenstand des Verwaltungszwangs die Herstellung des gebotenen Zustands mit Zwangsmitteln.

Der Verwaltungszwang findet keine Anwendung bei der Durchsetzung öffentlich-rechtlicher Verträge, auch wenn der Vertrag an Stelle einer an sich zulässigen Regelung durch Verwaltungsakt geschlossen worden ist[4]. Die Anwendung von Zwangsmitteln zur Durchsetzung öffentlich-rechtlicher Verträge stünde im Widerspruch zu dem Verhältnis der Gleichordnung, wie es in der Vertragsform seinen Ausdruck gefunden hat[5]. Der Verwaltung ist es aber auch verwehrt, die Anwendbarkeit des Verwaltungszwangs dadurch herbeizuführen, daß sie die sich aus einem geschlossenen öffentlich-rechtlichen Vertrag ergebenden Vertragspflichten zusätzlich einseitig hoheitlich regelt[6].

Da allein der einseitig hoheitlich regelnde Verwaltungsakt Grundlage des Verwaltungszwangs sein kann, stellt sich das Problem des Verwaltungszwangs gegenüber juristischen Personen des öffentlichen Rechts zwangsläufig nur in einer eng begrenzten Zahl von Fällen.

Verwaltungsakte gegen juristische Personen des öffentlichen Rechts kann es zum einen nur im Rahmen staatlicher Aufsichtsverhältnisse geben, zum anderen auch dort, wo die juristische Person wie ein Privater der allgemeinen Hoheitsgewalt unterworfen ist.

Die Durchsetzung der gegenüber juristischen Personen des öffentlichen Rechts möglichen Verwaltungsakte im Wege des Verwaltungszwangs ist aber nur ausnahmsweise zulässig und bedarf einer besonderen gesetzlichen Grundlage[7].

Während es in der letzteren der beiden möglichen Fallgruppen an derartigen gesetzlichen Grundlagen fehlt — bei der Durchsetzung einer an eine juristische Person des öffentlichen Rechts adressierten ordnungsbehördlichen Verfügung mit Zwangsmitteln handelt es sich also um die unzulässige Ausübung von Verwaltungszwang —, stehen den staatlichen Aufsichtsbehörden gegenüber dem beaufsichtigten Verwaltungsträger regelmäßig auch gesetzliche Befugnisse zur Zwangsanwendung zu. Die Zwangsanwendung im Rahmen staatlicher Aufsichtsverhältnisse, als deren wichtigste Erscheinungsform die Kommunalaufsicht stellvertretend für alle anderen Aufsichtsverhältnisse stehen

---

[4] Zur Zulässigkeit des öffentlich-rechtlichen Vertrags s. § 50 S. 2 VwVfG.
[5] *Forsthoff*, S. 291.
[6] *Engelhardt*, § 6, Rdn. 2. Diese Möglichkeit besteht jedoch nach § 11 Abs. 1 S. 1 breVwVerfG. Die Regelung stellt eine Ausnahmebestimmung im Recht des Bundes und der Länder dar.
[7] So ausdrücklich § 17 BVwVG; Art. 29 Abs. 4 bayVwZVG; § 22 bwVwVG; § 73 heVwVG; § 66 nwVwVG; § 7 rpVwVG; § 17 saVwVG. Vgl. auch *Forsthoff*, S. 290 f.

soll[8], ist jedoch hinsichtlich der zur Verfügung stehenden Mittel und der jeweiligen Anwendungsvoraussetzungen abschließend in den Gemeindeordnungen geregelt, so daß ein Rückgriff auf die den allgemeinen Verwaltungszwang regelnden Vorschriften der Verwaltungsvollstreckungsgesetze nicht möglich ist[9]. Es handelt sich hier um gesetzlich geregelte Sonderfälle, die auch dann nicht dem Begriff des Verwaltungszwangs unterfallen, wenn es sich um die Durchsetzung eines zuvor erlassenen Verwaltungsakts im Rahmen des Aufsichtsverhältnisses handelt.

Unter dem Verwaltungszwang ist somit nur die Anwendung von Zwangsmitteln gegen den einzelnen zu verstehen, wie sie in den Verwaltungsvollstreckungsgesetzen und als sog. Polizeizwang in einigen Polizeigesetzen normiert ist[10].

Obgleich auch die Verpflichtung zu einer Geldleistung als Verpflichtung zur Vornahme einer Handlung angesehen werden kann, ist diese nicht Gegenstand des Verwaltungszwangs, sondern der Verwaltungsvollstreckung. Der Terminologie des BVwVG und einiger Landesgesetze[11] folgend soll hier begrifflich zwischen der Vollstreckung eines Verwaltungsakts im Wege der Verwaltungsvollstreckung (Verfahren zur Durchsetzung eines auf eine Geldleistung gerichteten Verwaltungsakts) und dem Vollzug eines Verwaltungsakts im Wege des Verwaltungszwangs (Verfahren zur Durchsetzung eines auf ein Handeln, Dulden oder Unterlassen gerichteten Verwaltungsakts) unterschieden werden[12].

2. Die Formen des Verwaltungszwangs

a) Der Verwaltungszwang mit vorausgegangenem Verwaltungsakt — der gesetzliche Normalfall

Normalerweise geht der Ausübung von Verwaltungszwang ein erfolgloser Versuch voraus, das vom Pflichtigen verlangte Verhalten bereits durch den Erlaß des die Verpflichtung aussprechenden Verwaltungsakts herbeizuführen. Zwischen dem Erlaß des Verwaltungsakts und

---

[8] z. B. Aufsicht über die Kreditinstitute, § 6 KreditG; Aufsicht über die Wasser- und Boden-Verbände, §§ 111 ff. WVbVO.

[9] Vgl. *Wolff*, Verwaltungsrecht III, § 160 II. a), S. 326.

[10] §§ 6 ff. BVwVG; Art. 29 ff. bayVwZVG; Art. 11, 38 ff. bayPAG; § 18 ff. bwVwVG; § 11 ff. breVwVerfG; §§ 42 ff. brePolG; §§ 14 ff. hmbVwVG; §§ 17 ff. hmbSOG; §§ 2, 3, 5, 8, 68 ff. heVwVG; §§ 24 ff. heSOG; §§ 35 ff. ndsSOG; §§ 55 ff. nwVwVG; §§ 1 ff., 61 ff. rpVwVG; §§ 25, 54 ff. rpPVG; §§ 1 ff., 13 ff. saVwVG; §§ 194 ff. shLVwG.

[11] breVwVerfG, bayVwZVG, nwVwVG, shLVwG.

[12] Anders bwVwVG, hmbVwVG, heVwVG, rpVwVG, saVwVG. Diese Gesetze bezeichnen beide genannten Verfahren als Verwaltungsvollstreckung.

I. Der Verwaltungszwang

der Anwendung von Zwangsmitteln liegt also regelmäßig ein gewisser Zeitraum, in dem der Pflichtige seiner Verpflichtung freiwillig nachkommen kann. Von diesem Verfahren des Verwaltungszwangs mit vorausgegangenem Verwaltungsakt gehen die Verwaltungsvollstreckungsgesetze als gesetzlichem Normalfall aus[13].

b) *Der Verwaltungszwang ohne vorausgegangenen Verwaltungsakt — der sofortige Zwang*

Unter Umständen — zur Verhinderung strafbarer Handlungen oder zur Abwehr einer drohenden Gefahr[14] — kann sich die Verwaltung jedoch gezwungen sehen, einen bestimmten Zustand mit Zwangsmitteln unmittelbar herbeizuführen, ohne daß der behördliche Wille zuvor dem Adressaten eines möglichen auf die Herstellung des gesetzmäßigen Zustands gerichteten Verwaltungsakts zum Ausdruck gebracht worden ist.

Auch beim sog. sofortigen Vollzug oder sofortigen Zwang[15] handelt es sich um Verwaltungszwang, jedoch mit der Besonderheit, daß die Anwendung des Zwangsmittels und der Erlaß des verpflichtenden Verwaltungsakts in einer Handlung zusammenfallen[16].

Die Ausübung des Verwaltungszwangs im Wege des sofortigen Zwangs kann sowohl durch unmittelbaren Zwang als auch durch Ersatzvornahme erfolgen[17]. Dagegen kommt hier die Verhängung eines Zwangsgeldes naturgemäß nicht in Betracht, da es sich beim Zwangsgeld um ein Mittel des mittelbaren Zwangs handelt[18].

---

[13] s. z. B. § 6 Abs. 1 BVwVG.
[14] Vgl. z. B. § 6 Abs. 2 BVwVG.
[15] *Wolff*, Verwaltungsrecht III, § 160 II. c) 1., S. 326 und *Forsthoff*, S. 290, sprechen hier vom sofortigen Zwang. Dieser Begriff charakterisiert das betreffende Verfahren sicherlich besser als der Begriff des sofortigen Vollzugs, da die Besonderheit ja gerade darin besteht, daß nicht ein zuvor erlassener Verwaltungsakt vollzogen wird, sondern Zwangsmittel ohne vorausgehenden Verwaltungsakt (sofort) angewendet werden. In einigen PolG wird diese Form der Anwendung von Zwangsmitteln auch als unmittelbare Ausführung bezeichnet (§ 7 hmbSOG; § 44 Abs. 1 ndsSOG). s. dazu *Drews / Wacke / Vogel*, S. 208 ff.
[16] *Drews / Wacke / Vogel*, S. 323; *Forsthoff*, S. 209; prOVG, U. v. 4. 4. 1940, prOVGE 105, 240 ff. (243). Es ist jedoch zu beachten, daß Sofortmaßnahmen i. S. d. § 6 Abs. 2 BVwVG und der entsprechenden Bestimmungen nur dann als Verwaltungsakt angesehen werden können, wenn die Behörde erkennbar gegenüber einer bestimmten Person einschreitet. s. dazu OVG Mstr., U. v. 14. 7. 1973, DVBl. 1973, 924 ff. (925).
[17] *Engelhardt*, § 6, Rdn. 35; prOVG, U. v. 4. 4. 1940, prOVGE 105, 240 ff. (243); OVG Mstr., Bs. v. 27. 1. 1953, OVGE 7, 27 ff. (29).
[18] *Engelhardt*, a.a.O.; prOVG, prOVGE 105, 243; OVG Mstr., OVGE 7, 29.

3. Die gesetzlichen Zwangsmittel

Die der Verwaltung zur Ausübung des Verwaltungszwangs zur Verfügung stehenden Zwangsmittel sind durch das Gesetz abschließend aufgezählt (numerus clausus der gesetzlichen Zwangsmittel)[19]. Die Behörde darf sich also nur derjenigen Zwangsmittel bedienen, die das jeweils anzuwendende Gesetz für zulässig erklärt. Nach den Verwaltungsvollstreckungsgesetzen sind dies neben der praktisch recht unbedeutenden Ersatzzwangshaft[20] die Zwangsmittel Zwangsgeld, Ersatzvornahme und unmittelbarer Zwang[21].

4. Die allgemeinen Voraussetzungen für die Anwendung des Verwaltungszwangs

Die rechtlichen Voraussetzungen für Anwendung von Zwangsmitteln unterscheiden sich grundlegend danach, ob die Behörde den Verwaltungszwang im gesetzlichen Normalfall oder im Wege des sofortigen Zwangs ausübt.

a) Die allgemeinen Voraussetzungen für die Anwendung des Verwaltungszwangs im gesetzlichen Normalfall

Beabsichtigt die Behörde, einen bereits erlassenen Verwaltungsakt mit Zwangsmitteln durchzusetzen, so sind zunächst einige Anforderungen an den Verwaltungsakt selbst zu stellen.

Nicht durchsetzbar ist ein Verwaltungsakt, der aufgrund seiner schweren Fehlerhaftigkeit als nichtig anzusehen ist. Der nichtige Verwaltungsakt ist unbeachtlich und verpflichtet weder den Adressaten noch die erlassende Behörde[22]. So darf insbesondere auch der rechtlich und tatsächlich unmögliche oder nachträglich unmöglich gewordene Verwaltungsakt nicht mit Zwangsmitteln durchgesetzt werden[23]. Ebenfalls vollzugsunfähig ist der unbestimmte Verwaltungsakt, obgleich die Unbestimmtheit im allgemeinen keinen Nichtigkeitsgrund darstellt[24].

Grundlage rechtmäßig ausgeübten Verwaltungszwangs kann jedoch nicht nur der rechtmäßige, sondern — abgesehen von den Fällen der Nichtigkeit und der Unbestimmtheit — auch der fehlerhafte Verwal-

---

[19] s. dazu *Pünder*, S. 127.
[20] z. B. § 16 BVwVG.
[21] z. B. § 9 Abs. 1 BVwVG.
[22] *Forsthoff*, S. 227.
[23] *Wolff*, Verwaltungsrecht III, § 160 II. c) 1., S. 326. Zur Unmöglichkeit als Nichtigkeitsgrund s. auch *Wolff / Bachof*, Verwaltungsrecht I, § 51 I. c) 1., S. 425 und *Forsthoff*, S. 242, 248.
[24] OVG Hmb., U. v. 3. 7. 1952, VRspr. 5, 533 ff. (535 f.).

I. Der Verwaltungszwang

tungsakt sein[25]. Dies gilt nicht nur dann, wenn durch den Eintritt der formellen Bestandskraft die Fehlerhaftigkeit des Verwaltungsakts von der Rechtsordnung für unbeachtlich erklärt worden ist, sondern auch dann, wenn es sich um einen Verwaltungsakt handelt, dessen Vollzug nach den Bestimmungen der Verwaltungsvollstreckungsgesetze auch bereits vor Eintritt der Unanfechtbarkeit zulässig ist[26].

Grundsätzlich darf der eine Verpflichtung zum Handeln, Dulden oder Unterlassen aussprechende Verwaltungsakt nur dann mit Zwangsmitteln durchgesetzt werden, wenn er unanfechtbar geworden ist oder die aufschiebende Wirkung eines Rechtsbehelfs nach § 80 Abs. 4 VwGO entfällt[27].

In einigen Ländern besteht jedoch auch die Möglichkeit, in dringenden Fällen Zwangsmittel zur Durchsetzung eines Verwaltungsakts auch ohne diese Voraussetzungen vorzeitig anzuwenden[28]. Dieses abgekürzte Verfahren ist nicht mit dem sofortigen Zwang in dem unter 2. b) beschriebenen Sinne gleichzusetzen[29], da hier — anders als beim sofortigen Zwang — der Anwendung von Zwangsmitteln ein Verwaltungsakt vorausgeht, wenngleich die Zeitspanne zwischen dem Erlaß des Verwaltungsakts und dem Vollzug im Einzelfall auch sehr kurz bemessen sein mag.

Ist der Verwaltungszwang zulässig, genügt also der durchzusetzende Verwaltungsakt den genannten Anforderungen, so darf die Vollzugsbehörde gleichwohl Zwangsmittel grds. erst bei Vorliegen weiterer Verfahrensvoraussetzungen anwenden.

Zunächst hat die Vollzugsbehörde dem Pflichtigen schriftlich die Anwendung eines Zwangsmittels anzudrohen[30]. Die Androhung, die mit dem durchzusetzenden Verwaltungsakt verbunden werden kann[31],

---

[25] *Pünder*, S. 158; *Kuhn*, § 205, Rdn. 12.
[26] *Pünder*, S. 158 f.
[27] § 6 Abs. 1 BVwVG; Art. 19 Abs. 1 bayVwZVG; § 2 bwVwVG; § 11 Abs. 1 breVwVerfG; § 18 Abs. 1 hmbVwVG; § 2 heVwVG; § 55 Abs. 1 nwVwVG; § 2 rpVwVG; § 18 Abs. 1 saVwVG; § 195 Abs. 1 shLVwG.
[28] § 21 bwVwVG; § 27 hmbVwVG; § 72 heVwVG; § 195 Abs. 2 shLVwG.
[29] Vgl. etwa § 195 Abs. 2 und § 196 shLVwG.
[30] § 13 Abs. 1 BVwVG; Art. 36 Abs. 1 bayVwZVG; § 20 Abs. 1 bwVwVG; § 17 Abs. 1 breVwVerfG; § 69 Abs. 1 heVwVG; § 37 Abs. 1 S. 1, 2 ndsSOG; § 62 Abs. 1 nwVwVG; § 66 Abs. 1 rpVwVG; § 53 Abs. 1 S. 2 rpPVG; § 19 Abs. 1 saVwVG; § 202 Abs. 1 shLVwG. Nach § 18 Abs. 2 hmbVwVG ist lediglich ein Hinweis erforderlich.
Die Androhung kann unterbleiben, wenn der durchzusetzende Verwaltungsakt auch ohne Eintritt der Unanfechtbarkeit oder Wegfall der aufschiebenden Wirkung eines Rechtsbehelfs ausnahmsweise vollziehbar ist (§ 21 bwVwVG; § 72 heVwVG; § 202 Abs. 1 S. 2 shLVwG) oder wenn sofortiger Zwang angewendet wird (vgl. z. B. § 13 Abs. 1 BVwVG).
[31] § 13 Abs. 2 BVwVG; Art. 36 Abs. 2 bayVwZVG; § 20 Abs. 2 bwVwVG; § 17 Abs. 2 breVwVerfG; § 62 Abs. 2 nwVwVG; § 66 Abs. 2 rpVwVG; § 19 Abs. 2 saVwVG; § 202 Abs. 3 shLVwG.

muß sich auf ein bestimmtes Zwangsmittel beziehen[32], so daß die Anwendung eines anderen als des angedrohten Zwangsmittels erst nach erfolgloser Anwendung und erneuter Androhung zulässig ist[33].

In der Androhung, die einen selbständig angreifbaren Verwaltungsakt darstellt[34], ist dem Pflichtigen eine angemessene Frist für die Erfüllung seiner Verpflichtung zu setzen[35]. Entbehrlich ist die Fristsetzung nur dort, wo das Gesetz auch die Entbehrlichkeit der Androhung vorsieht[36] sowie allgemein bei der Durchsetzung von Unterlassungsverpflichtungen[37].

Ist die Setzung einer Frist erforderlich, so darf das angedrohte Zwangsmittel nach erfolglosem Fristablauf festgesetzt[38] und der Festsetzung gemäß angewendet werden[39].

b) Die allgemeinen Voraussetzungen für die Anwendung von Zwangsmitteln im Wege des sofortigen Zwangs

Der sofortige Zwang, also die Anwendung von Zwangsmitteln ohne vorausgegangenen Verwaltungsakt, Androhung, Fristsetzung und gegebenenfalls Festsetzung, ist nur dann zulässig, wenn dieses Verfahren zur Verhinderung strafbarer Handlungen oder zur Abwehr einer drohenden Gefahr notwendig ist, das heißt, wenn in Anbetracht der besonderen Gefahrenlage der vorherige Erlaß einer Verfügung nicht oder nicht rechtzeitig möglich ist[40] und die Behörde hierbei innerhalb ihrer gesetzlichen Befugnisse handelt[41].

---

[32] § 13 Abs. 3 BVwVG; Art. 36 Abs. 3 bayVwZVG; § 20 Abs. 3 bwVwVG (zulässig ist hiernach auch die Androhung mehrerer Zwangsmittel, jedoch unter Angabe der Reihenfolge der Anwendung); § 17 Abs. 3 breVwVerfG; § 69 Abs. 1 S. 1 heVwVG; § 62 Abs. 3 nwVwVG; § 66 Abs. 3 rpVwVG; § 19 Abs. 3 saVwVG; § 202 Abs. 4 shLVwG.

[33] Vgl. z. B. § 13 Abs. 6 BVwVG. Ausnahme: § 20 Abs. 3 bwVwVG (s. Fußn. 32).

[34] *Wolff / Bachof*, Verwaltungsrecht I, § 46 V. a), S. 380; *Drews / Wacke / Vogel*, S. 309; *Achterberg*, DÖV 1971, 398 („Verwaltungsvorakt"); *Menger*, System, S. 106; *Obermayer*, S. 72; *Haueisen*, NJW 1956, 1459; *Traulsen*, S. 103 (m. w. Nachw.); heVGH, U. v. 3. 2. 1959, VRspr. 14, 690. s. auch § 18 BVwVG; § 67 nwVwVG; § 66 Abs. 6 rpVwVG.

[35] § 13 Abs. 1 BVwVG und die entspr. Vorschriften in den Landesgesetzen (s. Fußn. 30).

[36] Vgl. Fußn. 30.

[37] *Engelhardt*, § 13, Rdn. 4; OVG Mstr., U. v. 25. 1. 1967, DÖV 1967, 496 ff. (497). Ausdrücklich auch § 20 Abs. 1 bwVwVG.

[38] § 14 BVwVG; § 63 nwVwVG. Nach § 18 breVwVerfG, § 20 hmbVwVG, § 76 Abs. 1 heVwVG und § 203 Abs. 2 shLVwG ist die Festsetzung nur beim Zwangsgeld erforderlich.

[39] § 15 Abs. 1 BVwVG; § 64 Abs. 1 nwVwVG. Nach Art. 37 Abs. 1 bayVwZVG und § 19 Abs. 1 breVwVerfG wird das Zwangsmittel nach erfolglosem Fristablauf gemäß der Androhung angewendet.

II. Die Kommunalaufsicht

1. Gegenstand und Umfang der Kommunalaufsicht

Gegenstand der Kommunalaufsicht ist die in den Gemeindeordnungen näher geregelte staatliche Aufsicht über die Gemeinden als Selbstverwaltungskörperschaften[42].

Gemeindliches Handeln ist in mehrfacher Weise staatlicher Aufsicht unterworfen. Zunächst folgen aus der allgemeinen Rechtsunterworfenheit der Gemeinde gewisse staatliche Aufsichtsbefugnisse, wie sie auch gegenüber jedermann bestehen (Bauaufsicht, Gewerbeaufsicht usw.)[43].

Darüber hinaus unterliegt die Gemeinde aber auch und insbesondere in ihrer Eigenschaft als ausführendes Organ staatlicher Verwaltung der staatlichen Aufsicht. Übt die Gemeinde staatliche Verwaltung als Auftragsangelegenheit oder als Pflichtaufgabe zur Erfüllung nach Weisung aus (Fremdverwaltungsangelegenheiten), so ergeben sich Aufsichtsbefugnisse gegenüber der Gemeinde hier bereits aus der Stellung der Gemeinde als mittelbarem Staatsorgan[44], als nachgeordneter Behörde innerhalb eines hierarchischen Behördenaufbaus. Die Aufsicht gegenüber der hierarchisch nachgeordneten Behörde beschränkt sich nicht nur auf die Rechtsaufsicht, sondern umfaßt mit der weitgehenden Weisungsbefugnis auch die Fachaufsicht[45].

Eine fachliche Weisungsbefugnis besteht dagegen nicht hinsichtlich derjenigen gemeindlichen Aufgaben, die diese in eigenverantwortlicher Selbstverwaltung wahrnimmt. Doch ist auch dieser Bereich nicht frei von staatlicher Aufsicht. Auch im Rahmen ihres eigenen Wirkungsbereichs (Selbstverwaltungsangelegenheiten) ist die Gemeinde Trägerin staatlicher Verwaltung, ohne jedoch organisatorisch in die staatliche Verwaltung eingegliedert zu sein[46]. Die Verwirklichung der innerhalb der Selbstverwaltung der Gemeinde liegenden Aufgaben ist nicht nur Gegenstand ihres eigenen Interesses, sondern auch des Interesses des

---

[40] OVG Mstr., Beschl. v. 25. 9. 1963, DÖV 1964, 682. Vgl. auch Art. 11 Abs. 1 bayPAG; § 34 ndsSOG.

[41] § 6 Abs. 2 BVwVG; Art. 35 bayVwZVG; § 11 Abs. 2 breVwVerfG; § 55 Abs. 2 nwVwVG; § 61 Abs. 2 rpVwVG; § 18 Abs. 2 saVwVG; § 196 shLVwG.

[42] Vgl. §§ 118 - 129 bwGemO; Art. 108 - 120 bayGemO; §§ 64 - 69 brhStVf; §§ 135 - 146 heGemO; §§ 127 - 136 ndsGemO; §§ 106 - 114 nwGemO; §§ 117 - 128 rpGemO; §§ 123 - 135 saGemO; §§ 120 - 131 shGemO.

[43] *Berchtold*, S. 7.

[44] *Forsthoff*, S. 572.

[45] Während bei der Auftragsverwaltung die Fachaufsichtsbehörde die unbeschränkte Rechts- und Fachaufsicht ausübt, sind bei den Pflichtaufgaben zur Erfüllung nach Weisung die fachaufsichtlichen staatlichen Weisungsbefugnisse gesetzlich begrenzt. s. hierzu *Wolff*, Verwaltungsrecht II, § 86 X. a) und b), S. 209 f.

[46] *Berchtold*, S. 8.

§ 3 Die Ersatzvornahme als Vollzugs- und Aufsichtsmittel

gesamten Staatswesens[47]. Hier kommt nun der Kommunalaufsicht als notwendigem Korrelat des Selbstverwaltungsrechts[48] die Aufgabe zu, auf die gesetzmäßige Erfüllung der gemeindlichen Aufgaben hinzuwirken[49]. Die Kommunalaufsicht ist somit auf die Wahrung der Gesetzmäßigkeit und die Sicherstellung der Besorgung der Aufgaben der Gemeinde gerichtet, soweit diese den Selbstverwaltungsbereich der Gemeinde betreffen[50].

Als Aufsicht über dezentralisierte, sich selbst eigenverantwortlich regierende und verwaltende Glieder im gestuften Staatsaufbau ist die Kommunalaufsicht grundsätzlich nur auf die Rechtsaufsicht beschränkt[51]. Die Beschränkung der Aufsicht auf die reine Rechtsaufsicht ist geradezu das wesentliche Merkmal der Selbstverwaltung[52].

2. Die gemeindlichen Aufsichtsmittel

Zur Ausübung des Aufsichtsrechts stehen der Kommunalaufsichtsbehörde eine Reihe von Aufsichtsmitteln zur Verfügung, die sich nach der jeweiligen Aufsichtsfunktion in präventive und repressive Aufsichtsmittel einteilen lassen[53].

Die präventiven Aufsichtsmittel, zu denen insbesondere das der Informationspflicht der Gemeinde entsprechende Auskunftsverlangen zählt[54], dienen der Aufsichtsbehörde zum einen dazu, einem Fehlverhalten der Gemeinde vorzubeugen[55], zum anderen aber auch dazu, sich Kenntnis von jenen Umständen zu verschaffen, die als Grundlage für die Beurteilung der Notwendigkeit weiteren aufsichtsbehördlichen Einschreitens erheblich und erforderlich sind[56].

Dagegen setzen die repressiven Aufsichtsmittel, zu denen neben der Ersatzvornahme und der kommissarischen Verwaltung[57] noch das Beanstandungsrecht und Aufhebungsrecht gemeindlicher Beschlüsse[58], das Anordnungsrecht[59] sowie als ultima ratio die Auflösung des Rates[60]

---

[47] *Schnapp*, S. 8 f.
[48] *Wolff*, Verwaltungsrecht II, § 86 IX., S. 207; *Schnapp*, S. 8.
[49] *Forsthoff*, S. 571. Daneben hat die Kommunalaufsicht auch noch die Aufgabe, die Gemeinde in ihren Rechten zu schützen; vgl. etwa § 8 nwGemO.
[50] *Berchtold*, S. 10.
[51] *Wolff*, Verwaltungsrecht II, § 86 IX., S. 207; vgl. auch *Schnapp*, S. 29 ff.
[52] BVerwG, Beschl. v. 17. 1. 1961, DVBl. 1961, 449 f. (449).
[53] *Gönnenwein*, S. 183.
[54] s. z. B. § 107 nwGemO.
[55] *Wolff*, Verwaltungsrecht II, § 77 II. b) 1., S. 105.
[56] *Berchtold*, S. 35 f.
[57] s. o. § 2 III.
[58] s. z. B. § 108 nwGemO.
[59] s. z. B. § 109 Abs. 1 nwGemO.
[60] s. z. B. § 111 nwGemO.

I. Voraussetzungen der EV als Mittel des Verwaltungszwangs

gehören, ein bereits eingetretenes Fehlverhalten der beaufsichtigten Gemeinde voraus.

3. Die allgemeinen Voraussetzungen für die Anwendung der Aufsichtsmittel

Da die Mittel der Kommunalaufsicht — anders als die Zwangsmittel im Rahmen des Verwaltungszwangs — bei weitem nicht nur verrichtende Funktion haben, also nicht lediglich auf den Vollzug gerichtet sind[61], lassen sich hier kaum allgemeine und gemeinsame Grundsätze für die Anwendung der Aufsichtsmittel erkennen.

Wie bereits erwähnt, ist die Gemeinde als Selbstverwaltungskörperschaft nur der Rechtsaufsicht unterworfen. So verbietet sich ein aufsichtsbehördliches Einschreiten unter dem Gesichtspunkt lediglich unzweckmäßigen Handelns der Gemeinde, soweit dabei nicht die Grenze zur Gesetzmäßigkeit überschritten ist.

Weiterhin unterliegt die Ausübung des Aufsichtsrechts gegenüber der Gemeinde den gleichen rechtsstaatlichen Grundsätzen, wie sie auch im Verhältnis der öffentlichen Verwaltung gegenüber dem einzelnen zu beachten sind. Hinzuweisen ist in diesem Zusammenhang insbesondere auf den Grundsatz der Verhältnismäßigkeit, wonach angestrebter Erfolg und angewandtes Mittel — vor allem in Hinblick auf andere taugliche Aufsichtsmittel — in einem angemessenen Verhältnis zu stehen haben.

§ 4 Die besonderen Voraussetzungen für die Anwendung der Ersatzvornahme

I. Die Voraussetzungen für die Anwendung der Ersatzvornahme als Mittel des Verwaltungszwangs

1. Die Zulässigkeitsvoraussetzungen

a) Vertretbare Handlung

Die Ersatzvornahme findet nur dort Anwendung, wo es um die Durchsetzung einer vertretbaren Handlung geht[1]. Unter den Begriff der vertretbaren Handlung fallen nach der Legaldefinition des § 10 BVwVG

---

[61] als verrichtende Aufsichtsmittel sind nur die Ersatzvornahme und die Bestellung eines Beauftragten anzusehen; s. *Wolff*, Verwaltungsrecht II, § 76 II. d) 4., S. 104 f.
[1] § 10 BVwVG; Art. 32 bayVwZVG; § 25 bwVwVG; § 15 breVwVerfG; § 74 heVwVG; § 59 nwVwVG; § 63 rpVwVG; § 21 saVwVG; § 204 Abs. 1 shLVwG. s. auch oben § 2 I.

und der entsprechenden Vorschriften der Landesverwaltungsvollstreckungs- und Polizeigesetze alle Handlungen, deren Vornahme durch einen anderen möglich ist.

Vornahme einer vertretbaren Handlung kann auch die Abgabe einer Willenserklärung sein, wenn sie im übrigen die Voraussetzung der Austauschbarkeit erfüllt[2].

b) Die Wahl des richtigen Zwangsmittels

Die Ersatzvornahme stellt nicht den einzig möglichen Weg dar, die auf die Vornahme einer vertretbaren Handlung gerichtete Anordnung mit Zwangsmitteln durchzusetzen. Vielmehr ist der Verwaltung auch in diesem Fall grds. die Möglichkeit gegeben, mittelbaren Zwang durch die Festsetzung eines Zwangsgeldes auszuüben[3] oder den gebotenen Handlungserfolg im Wege des unmittelbaren Zwangs herbeizuführen[4].

Die Wahl des Zwangsmittels steht im pflichtgemäßen Ermessen der Behörde. Dabei ist den Grundsätzen der Geeignetheit, Erforderlichkeit und Verhältnismäßigkeit Rechnung zu tragen. Erweist sich also neben der Ersatzvornahme noch ein anderes Zwangsmittel als geeignet und verhältnismäßig, so hat die Behörde dasjenige Zwangsmittel zu wählen, durch das der Betroffene und die Allgemeinheit am wenigsten beeinträchtigt werden[5].

Betrachtet man die Ersatzvornahme und das Zwangsgeld unter dem Gesichtspunkt der Eingriffsintensität, so erscheint weder die Ersatzvornahme noch das Zwangsgeld als das generell mildere oder schärfere Zwangsmittel. So kann zwar die Ersatzvornahme auch zwanglos vor sich gehen[6], während das Zwangsgeld einen erheblichen Druck auf die Willensentschließung des Pflichtigen ausübt und damit stets Zwangswirkung hat. Andererseits kann aber auch die Ersatzvornahme den Pflichtigen aufgrund tatsächlich höherer Kostenbelastung wesentlich härter treffen als das Zwangsgeld[7]. Eine Entscheidung zugunsten des

---

[2] *Engelhardt*, § 10, Rdn. 4. Das hmbVwVG (§ 28) und das shLVwG (§ 208) enthalten Sonderregelungen für die Abgabe von Willenserklärungen.

[3] Vgl. z. B. § 11 Abs. 1 S. 2 BVwVG.

[4] Diese Möglichkeit besteht unter der Geltung derjenigen Gesetze, nach denen nur die Fremdvornahme Ersatzvornahme ist, die Selbstvornahme also stets dem Begriff des unmittelbaren Zwangs unterfällt.

[5] So ausdrücklich § 9 Abs. 2 BVwVG; Art. 29 Abs. 3 bayVwZVG; § 19 Abs. 2 bwVwVG; § 13 Abs. 2 breVwVerfG; § 15 Abs. 1 hmbVwVG; § 70 heVwVG; § 58 Abs. 2 nwVwVG; § 62 Abs. 2 rpVwVG; § 13 Abs. 2 saVwVG.

[6] *Pünder*, S. 171 (mit Beispiel). s. auch oben § 2 I. 2. a).

[7] Nach *Pfeiffer*, bwVBl. 1957, 3, ist das Zwangsgeld gegenüber der ausnahmsweise zwanglos vor sich gehenden Ersatzvornahme das schärfere Zwangsmittel. Grds. sieht *Pfeiffer* jedoch in der Ausübung mittelbaren Zwangs die mildeste Form der Zwangsausübung.

I. Voraussetzungen der EV als Mittel des Verwaltungszwangs

einen oder anderen Zwangsmittels kann also nur nach den Umständen des Einzelfalls erfolgen.

Nach einigen Gesetzen ist das bei der Wahl des richtigen Zwangsmittels bestehende behördliche Ermessen noch dahingehend eingeschränkt, daß bei vertretbaren Handlungen das Zwangsgeld nur dann Anwendung finden darf, wenn die Ersatzvornahme untunlich ist[8]. Das ist nach dem Wortlaut des Gesetzes insbesondere dann der Fall, wenn der Pflichtige außerstande ist, die aus der Ersatzvornahme erwachsenden Kosten zu tragen[9]. Die Ersatzvornahme ist jedoch nicht schon allein deshalb untunlich, weil sie höhere Kosten als bei der Ausführung durch den im Wege des mittelbaren Zwangs dazu angehaltenen Pflichtigen verursacht[10].

Die Ausübung unmittelbaren Zwangs gilt gemeinhin als ultima ratio der Verwaltung[11]. Unmittelbarer Zwang ist nur dann anzuwenden, wenn die Ersatzvornahme und das Zwangsgeld nicht zum Ziele führen oder untunlich sind[12].

Als untunlich wird sich die Ersatzvornahme oftmals unter Geltung derjenigen Gesetze erweisen, nach denen die Ersatzvornahme nur in der Form der Fremdvornahme möglich ist[13]. Ist etwa eine Störungsbeseitigung durch einen bereits anwesenden Polizeibeamten ohne größeren Aufwand zu bewerkstelligen, so wäre die Beauftragung eines Unternehmers wegen der kostenmäßigen Auswirkung gegenüber dem handlungspflichtigen Störer unangemessen, die Ersatzvornahme in der Form der Fremdvornahme also untunlich[14].

2. Die besonderen Verfahrensvoraussetzungen

Die Anwendung der Ersatzvornahme ist nur unter Beachtung des für die Anwendung von Zwangsmitteln vorgeschriebenen Verfahrens zulässig, also grds. nur nach Androhung, erfolglosem Fristablauf und gegebenenfalls Festsetzung[15].

---

[8] § 11 Abs. 1 S. 2 BVwVG; § 76 Abs. 1 S. 2 heVwVG; § 60 Abs. 1 S. 2 nwVwVG; § 64 Abs. 1 S. 2 rpVwVG. — Anders jedoch Art. 32 bayVwZVG. Bei dem Begriff der Untunlichkeit handelt es sich um einen gerichtlich voll überprüfbaren unbestimmten Rechtsbegriff (*Pünder*, S. 245).

[9] Im übrigen bedeutet „untunlich" soviel wie „schlechterdings unangemessen" (VV 60.2 zu § 60 nwVwVG; ähnlich auch *Friedrichs*, prLVG, § 132, Erl. 9., S. 312).

[10] OVG Berlin, U. v. 29. 7. 1969, JR 1970, S. 227; *Engelhardt*, § 11, Rdn. 11.

[11] *Drews / Wacke / Vogel*, S. 323; *Forsthoff*, S. 300.

[12] So ausdrücklich § 12 BVwVG; § 26 Abs. 2 bwVwVG; Art. 34 bayVwZVG; § 62 nwVwVG; § 65 rpVwVG; § 22 saVwVG; § 205 shLVwG.

[13] s. o. § 2 II. 1.

[14] Hier wäre ebenfalls die Verhängung eines Zwangsgeldes untunlich (bayVGH, U. v. 23. 7. 1965, VGHE n. F. 18, 74 ff [74]).

[15] s. o. § 3 I. 4.

§ 4 Die besonderen Voraussetzungen für die Anwendung der EV

In der Androhung ist dem Pflichtigen die Höhe des voraussichtlich entstehenden Kostenbetrages mitzuteilen[16]. Es handelt sich hierbei um eine zwingende Verfahrensvorschrift, so daß ein Fehlen des Kostenvoranschlags zur Rechtswidrigkeit der Ersatzvornahme führt[17]. Der Mangel kann jedoch bis zum Vollzug durch nachträgliche Veranschlagung geheilt werden[18].

II. Die Voraussetzungen für die Anwendung der Ersatzvornahme als Mittel der Kommunalaufsicht

1. Die Zulässigkeitsvoraussetzungen

a) Vertretbare Handlung

Auch die Ersatzvornahme als Mittel der Kommunalaufsicht dient allein der Durchsetzung einer vertretbaren Handlung[19]. Das Erfordernis der Vertretbarkeit der in der Anordnung geforderten Handlung wird zwar in den gesetzlichen Vorschriften nicht ausdrücklich genannt, folgt aber aus der Ersatzfunktion dieses Aufsichtsmittels[20].

Eine gemeindliche Maßnahme ist nicht schon dann unvertretbar, wenn sie in den ausschließlichen Zuständigkeitsbereich der Gemeinde fällt. Denn durch die Ermächtigung zur Ersatzvornahme wird die Aufsichtsbehörde ja gerade in die Lage versetzt, an Stelle der an sich zuständigen Gemeinde zu handeln, insoweit also in die Rechtsstellung der Gemeinde einzutreten[21].

b) Die Wahl des richtigen Aufsichtsmittels

Da die Ersatzvornahme einen erheblichen Eingriff in die Gemeindeselbstverwaltung darstellt, kommt diesem Aufsichtsmittel eine subsidiäre Stellung zu[22]. So hat die Kommunalaufsichtsbehörde zunächst von ihrem Anordnungsrecht Gebrauch zu machen, der Gemeinde also

---

[16] § 13 Abs. 4 BVwVG; Art. 36 Abs. 4 bayVwZVG; § 20 Abs. 5 bwVwVG (jedoch nur Sollvorschrift); § 17 Abs. 5 breVwVerfG; § 74 Abs. 3 heVwVG; § 37 Abs. 1 S. 4 ndsSOG; § 62 Abs. 4 nwVwVG; § 66 Abs. 4 rpVwVG; § 19 Abs. 4 saVwVG; § 202 Abs. 6 shLVwG; § 55 Abs. 2 S. 4 prPVG.

[17] Zu der Frage, inwieweit eine Inkongruenz zwischen vorläufig veranschlagten und tatsächlich entstandenen Kosten die Rechtmäßigkeit der Ersatzvornahme berührt, s. u. § 7 II. 1.

[18] *Drews / Wacke / Vogel*, S. 315; OVG Berlin, U. v. 3. 12. 1968, JR 1969, 476 ff. (476 f.).

[19] *Pagenkopf*, S. 378; *Körner*, § 109, Erl. 2; *Forsthoff*, S. 575.

[20] s. o. § 2 I.

[21] Dennoch sind die im Wege der Ersatzvornahme getroffenen Maßnahmen als Maßnahmen der Gemeinde anzusehen; s. o. § 2 III.

[22] *Klüber*, S. 354; *Schlempp*, § 140, Erl. II.

II. Voraussetzungen der EV als Mittel der Kommunalaufsicht

Gelegenheit zu geben, das Erforderliche selbst zu veranlassen[23]. Erst wenn dieses Aufsichtsmittel erfolglos geblieben ist, kann die Kommunalaufsichtsbehörde im Wege der Ersatzvornahme gegen die Gemeinde vorgehen. Die Gemeindeordnungen sehen die Ersatzvornahme also als Vollziehungsmittel einer vorausgegangenen Anordnung vor[24].

Die aufsichtsbehördliche Anordnung, die einen gebietenden Verwaltungsakt darstellt[25], kann nur dann Grundlage eines Vollzugs im Wege der Ersatzvornahme sein, wenn sie auch wirksam, also nicht nichtig ist. Dagegen berührt auch hier — ebenso wie beim allgemeinen Verwaltungszwang — die bloße Fehlerhaftigkeit der Anordnung nicht die Rechtmäßigkeit der Ersatzvornahme[26]. Dies gilt nicht nur im Falle der Unanfechtbarkeit und damit eingetretener Bestandskraft der Anordnung, sondern auch dann, wenn die Aufsichtsbehörde ausnahmsweise vor Unanfechtbarkeit der Anordnung die Ersatzvornahme durchführt. Denn der fehlerhafte Verwaltungsakt ist verbindlich, wenn und solange er nicht auf Anfechtung seitens des Betroffenen hin oder von Amts wegen aufgehoben worden ist[27].

2. Die Verfahrensvoraussetzungen

Bezüglich des bei der Ersatzvornahme einzuhaltenden Verfahrens schreiben die Gemeindeordnungen lediglich vor, daß die Ersatzvornahme erst nach Ablauf der in der Anordnung bestimmten Frist angewendet werden darf[28]. Der Lauf der Frist beginnt dabei regelmäßig erst mit der Bestandskraft der Anordnung[29], es sei denn, die Kommunalaufsichtsbehörde hat die sofortige Vollziehung im öffentlichen Interesse (§ 80 Abs. 2 Nr. 4 VwGO) angeordnet[30].

Während Fristsetzung und Fristablauf also zwingend vorgeschrieben sind, fehlt es in den Gemeindeordnungen an einer Bestimmung, wonach

---

[23] Vgl. z. B. § 109 Abs. 1 nwGemO.
[24] In einigen Bundesländern dient die Ersatzvornahme auch der Vollziehung der Beanstandung eines Gemeindebeschlusses (§ 123 bwGemO; Art. 113 bayGemO). Die meisten Gemeindeordnungen enthalten jedoch neben der Ersatzvornahme im formellen Sinne noch ein selbständiges Aufhebungsrecht. s. auch oben § 2 III.
[25] *Wolff*, Verwaltungsrecht II, § 77 II. d) 2., S. 103.
[26] So auch wohl *Schlempp*, § 140, Erl. VI. und *Klüber*, S. 354. — a. A. wohl *Schnapp*, S. 43: „Dieser Anlehnungstatbestand muß formell und materiell rechtmäßig sein, damit auch die Ersatzvornahme rechtmäßig ist." An anderer Stelle schreibt *Schnapp* jedoch (S. 103): „Eine unanfechtbar gewordene Anordnung entfaltet also, (...), Tatbestandswirkung mit der Konsequenz, daß bei einer gegen die Ersatzvornahme gerichteten Klage in der Anordnung liegende Mängel nicht mehr nachgeprüft werden können."
[27] *Wolff / Bachof*, Verwaltungsrecht I, § 50 I. b) 2., S. 414.
[28] s. z. B. § 109 nwGemO.
[29] *Kunze / Schmid / Rehm*, § 123, Erl. 2. d).
[30] *Schnapp*, S. 73.

die Ersatzvornahme zuvor anzudrohen ist. Gleichwohl wird in der Literatur die Androhung der Ersatzvornahme zu Recht für erforderlich gehalten[31]. Die die Androhung von Zwangsmitteln betreffenden Vorschriften der Verwaltungsvollstreckungsgesetze sind hier zwar weder unmittelbar noch analog anwendbar, können aber als Ausdruck eines allgemeinen Rechtsgedankens angesehen werden, der insoweit auch im Kommunalaufsichtsrecht seine Gültigkeit hat[32].

---

[31] *Kottenberg / Rehn*, § 109, Erl. II. 3.; *Schnapp*, S. 71; *Forsthoff*, S. 575.
[32] *Schnapp*, S. 71.

Zweiter Teil

Die gesetzliche Kostenregelung bei der Ersatzvornahme im Verwaltungsrecht

§ 5 Grundzüge der gesetzlichen Kostenregelung

I. Die Kostenerstattungspflicht des Handlungspflichtigen als gesetzlich angeordnete Nebenfolge der Ersatzvornahme

Wie bereits gezeigt, besteht das Verfahren der Ersatzvornahme im wesentlichen darin, daß nicht der Handlungspflichtige selbst, sondern ein anderer — sei es die Vollzugs- oder Kommunalaufsichtsbehörde, sei es ein beauftragter Dritter — die vom Handlungspflichtigen geforderte aber unterlassene Handlung vornimmt. Hierin allein, in der Herbeiführung des Handlungserfolges, besteht auch die finale Ausrichtung der Ersatzvornahme.

Das Gesetz ermächtigt aber nicht nur zur Vornahme der pflichtwidrig unterlassenen Handlung *an Stelle*, sondern auch *auf Kosten* des Pflichtigen bzw. der Gemeinde, ordnet also für den Fall der ersatzweisen Vornahme eine Kostenfolge zu Lasten des Handlungspflichtigen an. Im Hinblick hierauf läßt sich die Ersatzvornahme auch deuten als „bedingungsweise Ermächtigung der Behörde zur Transformation einer Naturalleistungspflicht in eine Geldleistungspflicht"[1]. Der Handlungspflichtige soll für sein Untätigbleiben zahlen; nicht jedoch unter dem Gesichtspunkt einer Bestrafung, sondern zum Ausgleich der durch die Ersatzvornahme entstandenen Kosten[2].

---

[1] *Merkl*, S. 285; ähnlich auch schon *Anschütz*, VerwArch. 1 (1889), 403: „Dieses Zwangsmittel ist virtuell die Umwandlung des Anspruchs auf ein Thun in eine Geldforderung: die executio ad faciendum wird zur executio ad solvendum."

[2] Daß der Pflichtige (die Gemeinde) darüber hinaus auch noch die Folgekosten der Ersatzvornahme zu tragen hat, ergibt sich bereits aus der unmittelbaren Wirkung der Ersatzvornahme für und gegen den Pflichtigen (die Gemeinde). Insofern ist die in der gemeinderechtlichen Literatur häufig zu findende Feststellung, „auf Kosten der Gemeinde durchführen" bedeute, daß sowohl die Kosten der Maßnahme selbst als auch die durch das Tätigwerden der Aufsichtsbehörde entstandenen Kosten von der Gemeinde zu tragen sind (so z. B. *Kottenberg / Rehn*, § 109, Erl. III. 1.; *Salzmann / Schunck*, § 123, Erl. 2.), nicht ganz exakt. s. hierzu auch *Schlempp*, § 140, Erl. V.

Die sich aus dem Gesetz ergebende Pflicht zur Erstattung der Kosten einer Ersatzvornahme kann sowohl an eine bereits aktualisierte Verpflichtung als auch an eine zwar konkrete, aber noch nicht aktuelle Pflicht zum Handeln anknüpfen[3].

In der Regel wird freilich der erstgenannte Fall vorliegen, so daß Vornahme auf Kosten des Pflichtigen grundsätzlich als Vornahme auf Kosten dessen zu verstehen ist, der durch einen vor oder gleichzeitig mit der Anwendung der Ersatzvornahme erlassenen Verwaltungsakt zur Vornahme der Handlung verpflichtet worden ist[4]. Wird jedoch die Ersatzvornahme im Wege des sofortigen Zwangs angewendet und geht auch aus der Anwendung nicht eindeutig hervor, gegen wen sich die Ersatzvornahme richtet, so sind zunächst alle diejenigen als kostenpflichtig anzusehen, die nach dem Gesetz zur Vornahme der Handlung verpflichtet waren[5]. Die Vollzugsbehörde hat aber die Möglichkeit, auch noch nach Ausführung einer Ersatzvornahme, die sich als (noch) adressatneutrale Sofortmaßnahme und somit nicht als Verwaltungsakt darstellt, einen von möglicherweise mehreren Pflichtigen als Adressaten des sofortigen Zwangs zu bestimmen und ihn gleichzeitig für die Kosten der Ersatzvornahme in Anspruch zu nehmen[6].

II. Der Träger des gesetzlichen Kostenerstattungsanspruchs

Die Kostenerstattungspflicht des Handlungspflichtigen, deren Umfang und Voraussetzungen noch Gegenstand späterer Erörterungen sein werden, kann im Falle der Selbstvornahme nur gegenüber der für die Ersatzvornahme verantwortlichen Behörde, genauer dem Behördenträger bestehen. Fraglich ist, ob dies auch im Falle der Ausführung durch einen selbständig handelnden Dritten gilt, da hier nicht der beauftragenden Behörde, sondern dem Beauftragten zunächst die Kosten der Vornahme entstehen.

Voraussetzung für einen Kostenerstattungsanspruch des Dritten gegen den Pflichtigen oder die Gemeinde wäre aber, daß dieser mit der Beauftragung durch die Vollzugs- bzw. Kommunalaufsichtsbehörde in eine Rechtsbeziehung mit dem Pflichtigen bzw. der Gemeinde tritt.

---

[3] Zum Begriff der konkreten und aktuellen Verpflichtung s. *Wolff / Bachof*, Verwaltungsrecht I, § 40 IV., S. 294.

[4] Die erste Alternative betrifft die Durchführung der Ersatzvornahme im gesetzlichen Normalfall (Grundverfügung — Androhung — Festsetzung — Anwendung), die zweite Alternative die Anwendung der Ersatzvornahme im Wege des sofortigen Zwangs, bei dem die Verfügung und die Durchsetzung der Verfügung in einem Akt zusammenfallen.

[5] Vgl. § 28 Abs. 1 heSOG; Art. 58 bayPAG; § 34 Abs. 2 ndsSOG.

[6] OVG Mstr., U. v. 17. 4. 1973, DVBl. 1973, 924 ff. (925).

II. Der Träger des Kostenerstattungsanspruchs

Beauftragt die Behörde eine Privatperson oder ein privates Unternehmen mit der Vornahme, so handelt es sich hierbei um ein Rechtsgeschäft des Privatrechts und zwar in der Regel um einen Werkvertrag gemäß §§ 631 ff. BGB[7]. Aus diesem Vertrag könnte der Pflichtige oder die Gemeinde gegenüber dem Dritten zur Zahlung der vereinbarten Vergütung nur dann verpflichtet sein, wenn die Behörde den Pflichtigen bzw. die Gemeinde beim Abschluß des Vertrages regelmäßig wirksam vertreten würde. Eine entsprechende gesetzliche Vertretungsmacht wird der Behörde mit der Ermächtigung zur Ersatzvornahme jedoch nicht erteilt[8]. Ersatzvornahme i. S. der Fremdvornahme bedeutet nicht Beauftragung eines Dritten im Namen des Pflichtigen oder der Gemeinde — die Kostenerstattungspflicht wäre dann die selbstverständliche Folge und bedürfte nicht der gesetzlichen Ausprägung in den Vorschriften zur Ersatzvornahme —, sondern Beauftragung eines Dritten im eigenen Namen auf Kosten des Pflichtigen bzw. der Gemeinde. Die beauftragende Behörde steht dem Dritten also als selbständiger Vertragspartner gegenüber, so daß sich der Anspruch des vertraglich beauftragten Dritten auf das vereinbarte Entgelt nicht gegen den Pflichtigen bzw. die Gemeinde, sondern gegen die Behörde als Auftraggeber richtet[9].

Ebensowenig besteht zwischen dem Dritten einerseits und dem Pflichtigen oder der Gemeinde andererseits eine unmittelbare hoheitliche Beziehung[10]. Das gilt auch dann, wenn als Dritter ein Träger öffentlicher

---

[7] *Ule / Rasch*, § 55 (prPVG), Rdn. 12, S. 208; *Engelhardt*, § 10, Rdn. 8; *Kreiling*, § 74, Erl. 3; s. hierzu auch *Pünder*, S. 180.

[8] *Drews / Wacke / Vogel*, S. 315; *Friedrichs*, prPVG, § 55, Erl. 8. — a. A. *Rauball*, § 109, Erl. 6.

[9] *Pünder*, S. 180; *Forsthoff*, S. 298; *Schmitt-Lermann*, Art. 31, Erl. 6.; *Drescher*, S. 35; *Zinser*, DVBl. 1952, 416. — a. A. *Rauball*, § 109, Erl. 6.

Der hier erörterte Fall der Beauftragung eines Dritten (Fremdvornahme) darf nicht verwechselt werden, mit dem Fall, in dem die ersatzweise Vornahme der pflichtwidrig unterlassenen Handlung bereits und allein in dem Abschluß eines Vertrages mit einem Dritten zu sehen ist. Besteht die vom Pflichtigen oder der Gemeinde geforderte vertretbare Handlung lediglich in der Abgabe einer bestimmten Willenserklärung, etwa eines Kaufangebots (vgl. den Beispielsfall bei *Schnapp*, S. 42 f.: Die Aufsichtsbehörde erläßt an eine Gemeinde, die keinen Feuerlöschwagen besitzt, die Anordnung, einen solchen zu kaufen und setzt diese Anordnung im Wege der Ersatzvornahme durch), so ist als Ersatzvornahme nur die Abgabe eines Kaufangebots an einen Dritten zu sehen. Folglich handelt es sich hierbei auch um eine Selbstvornahme und nicht um die Beauftragung eines Dritten i. S. der Fremdvornahme. Da die im Wege der Ersatzvornahme durchgeführte Handlung (hier: Abgabe des Kaufangebots) für und gegen die Gemeinde wirkt, wird also der Dritte mit der Annahme des Kaufangebots Vertragspartner der Gemeinde (*Schnapp*, S. 88). Die der Gemeinde aus diesem Vertrag erwachsenden Kosten (Zahlung des Kaufpreises) sind als Folgekosten der Ersatzvornahme von den eigentlichen Kosten der Ersatzvornahme, also den Kosten der Herbeiführung des gebotenen Handlungserfolges durch die Kommunalaufsichtsbehörde scharf zu trennen (s. hierzu auch Fußn. 2).

Verwaltung im Wege der Amtshilfe die Ersatzvornahme ausführt, da hier wie dort die Verantwortlichkeit der Vollzugs- bzw. Kommunalaufsichtsbehörde für die Durchführung der Ersatzvornahme als Amtshandlung bestehen bleibt[11]. Somit kann auch nur diese Träger des gesetzlichen Kostenerstattungsanspruchs gegen den Pflichtigen oder die Gemeinde sein[12].

Ergänzend sei noch darauf hingewiesen, daß dem Dritten auch kein Aufwendungsersatzanspruch aus privatrechtlicher oder öffentlich-rechtlicher Geschäftsführung ohne Auftrag zusteht[13]. Dieser scheitert schon daran, daß der Dritte mit der Vornahme nicht das Interesse des Pflichtigen zu wahren sucht, sondern allein in Hinblick auf die Erfüllung seiner Verpflichtungen gegenüber der ihn beauftragenden Behörde handelt[14].

§ 6 Der Umfang des gesetzlichen Kostenerstattungsanspruchs

I. Der Umfang des gesetzlichen Kostenerstattungsanspruchs bei der Ersatzvornahme als Mittel des Verwaltungszwangs

Rechtfertigender Grund des gesetzlichen Kostenerstattungsanspruchs bei der Ersatzvornahme ist nicht der Gedanke, daß der Handlungspflichtige Aufwendungen erspart hat, die er hätte machen müssen, um der im Wege der Ersatzvornahme durchgesetzten Verfügung nachzukommen[1], sondern die Entstehung von Kosten bei der an seiner Stelle tätig gewordenen Behörde.

Da es sich also bei den zu erstattenden Kosten der Ersatzvornahme um die Kosten des Verfahrens handelt[2], deckt sich der zu zahlende

---

[10] *Engelhardt*, § 10, Rdn. 9; *Rasch / Patzig*, § 10 (BVwVG), Erl. II. 3., S. 629; *Samper*, Art. 11, Rdn. 18; *Drescher*, S. 35.
[11] Vgl. *Moll*, DVBl. 1954, 699.
[12] Dem Dritten kann jedoch der Kostenerstattungsanspruch abgetreten oder eine Inkassovollmacht erteilt werden. So *Wolff*, Verwaltungsrecht III, § 160 II. d) 1., S. 328; *Werner*, VerwArch. 44 (1939), 288; *Steckert*, DVBl. 1971, 247 f. — a. A. AG Düsseldorf, U. v. 20. 7. 1966, JZ 1967, 62 f. (63). Das AG Düsseldorf geht in seiner Begründung fälschlicherweise davon aus, daß es sich bei dem Anspruch aus § 59 nwVwVG i. V. m. § 11 Abs. 2 Nr. 7 nwKostO (nur Auslagen!) um einen Gebührenanspruch handelt und kommt so zur Unabtretbarkeit der Kostenforderung.
[13] *Drews / Wacke / Vogel*, S. 315; *Kreiling*, § 74, Erl. 6; *Medicus*, Anm. zum U. d. AG Düsseldorf v. 20. 7. 1966, JZ 1967, 63 ff. (65); *Steckert*, DVBl. 1971, 246 f. — a. A. *Friedrichs*, prLVG, § 132, Erl. 10., S. 313.
[14] *Kreiling*, § 74, Erl. 6.; *Steckert*, DVBl. 1971, 247. Nach *Medicus*, JZ 1967, 65, fehlt es bereits objektiv an einer Geschäftsbesorgung durch den Dritten.
[1] *Engelhardt*, § 10, Rdn. 10.
[2] *Pünder*, S. 182.

I. Der Umfang bei der EV als Mittel des Verwaltungszwangs 47

Kostenbetrag grundsätzlich mit den tatsächlich erbrachten Aufwendungen der Behörde.

Die Verwaltungsvollstreckungsgesetze der Länder Baden-Württemberg, Hamburg, Hessen, Nordrhein-Westfalen, Schleswig-Holstein (LVwG) und des Saarlandes enthalten die Ermächtigung zum Erlaß einer Kostenordnung, in der Art und Umfang der Kosten für Amtshandlungen nach diesen Gesetzen näher zu bestimmen sind[3]. Soweit von dieser Ermächtigung auch in bezug auf die Kosten der Ersatzvornahme Gebrauch gemacht worden ist[4], bestimmt sich der Umfang der Kostenzahlungspflicht also nach Maßgabe dieser Vorschriften, die insoweit auch abschließend sind.

Es handelt sich hierbei jedoch nicht um die Normierung eigenständiger Erstattungsansprüche, da der auf die Kosten der Ersatzvornahme gerichtete Erstattungsanspruch auch hier dem Grunde nach bereits aus der zur Ersatzvornahme „auf Kosten des Pflichtigen" ermächtigenden Norm folgt.

1. Die Kosten der Herbeiführung des gebotenen Handlungserfolgs — die Kosten der eigentlichen Vornahme

a) im Falle der Fremdvornahme

Zu den vom Pflichtigen zu erstattenden Kosten der Ersatzvornahme gehören unzweifelhaft die Beträge, die die Vollzugsbehörde an den die Ersatzvornahme ausführenden Dritten zu zahlen hat[5]. Handelt als Dritter ein Privatrechtssubjekt, so umfaßt der Kostenerstattungsanspruch des Trägers der Vollzugsbehörde also zumindest einen Betrag in Höhe der Vergütung, die mit dem Dritten vertraglich vereinbart worden ist oder sich in Anwendung des § 632 Abs. 2 BGB ergibt.

Führt dagegen eine andere Behörde im Wege der Amtshilfe die Ersatzvornahme als Dritter aus, so fragt sich, ob der Vollzugsbehörde hierdurch überhaupt erstattungsfähige Auslagen entstehen. Ohne nun näher auf die Problematik der kostenrechtlichen Behandlung der Amtshilfe einzugehen[6], sei folgendes kurz angedeutet:

Soweit keine kostenrechtlichen Sondervorschriften vorhanden sind[7], beurteilt sich die Kostenerstattung nach den „allgemeinen amtshilfe-

---
[3] § 31 Abs. 3 bwVwVG; § 77 hmbVwVG; § 80 heVwVG; § 68 Abs. 2 nwVwVG; § 77 Abs. 1 saVwVG; § 224 shLVwG.
[4] Vgl. z. B. § 5 heVKO; § 1 hmbVKO; § 1 saKostO.
[5] *Engelhardt*, § 10, Rdn. 11; so auch z. B. § 11 Abs. 2 Nr. 7 nwKostO; § 8 Abs. 2 rpKostO.
[6] s. dazu vor allem *Pleitner*, BayVBl. 1964, 247 ff.; *Dreher*, S. 131.
[7] So z. B. § 13 Abs. 2 nwFSHG.

rechtlichen Kostengrundsätzen"[8]. Danach sind die durch Amtshilfe entstandenen Kosten innerhalb derselben juristischen Person nicht erstattungspflichtig[9]. Werden jedoch ersuchende und ersuchte Behörde von verschiedenen Körperschaften getragen — nur um diesen Fall kann es sich bei der Ausführung durch einen „Dritten" handeln[10] —, so sind dem Träger der ersuchten Behörde in Anwendung des in § 670 BGB zum Ausdruck gekommenen Rechtsgedankens die baren Auslagen zu ersetzen[11]. Dagegen besteht auch hier keine Pflicht zur Zahlung von Gebühren[12].

Führt also eine Behörde im Wege der Amtshilfe die Ersatzvornahme aus, so entstehen der Vollzugsbehörde hierdurch erstattungsfähige Auslagen nur in Höhe der der ersuchten Behörde entstandenen und eingeforderten baren Auslagen.

Das bedeutet, daß der Pflichtige sich in diesem Fall unter dem Gesichtspunkt der Kostenbelastung regelmäßig besser steht, als wenn die Vollzugsbehörde einen privaten Dritten mit der Vornahme beauftragt. Hieraus läßt sich aber keine Verpflichtung der Behörde herleiten, wenn möglich diesen für den Pflichtigen „preiswerteren" Weg zu wählen.

b) im Falle der Selbstvornahme

Wie oben bereits ausgeführt[13], macht nicht jede Beteiligung behördenfremder Personen an der Ausführung der zu erzwingenden Handlung die Ersatzvornahme zur Fremdvornahme (bzw. die Selbstvornahme als Form des unmittelbaren Zwangs zur Ersatzvornahme). Somit können der Vollzugsbehörde auch bei der Ausführung im Wege der Selbstvornahme Kosten dadurch entstehen, daß sie an Dritte bestimmte Beträge zu zahlen hat.

Wo sich also die Selbstvornahme als Ersatzvornahme darstellt[14], sind diese Auslagen — ebenso wie die im Falle der Fremdvornahme an den selbständig handelnden Dritten zu zahlenden Beträge — als Kosten der Ersatzvornahme vom Pflichtigen zu erstatten[15].

Fraglich ist jedoch, ob es sich bei dem eigenen Personalaufwand und Materialaufwand der Vollzugsbehörde ebenfalls um erstattungsfähige

---

[8] *Pleitner*, BayVBl. 1964, 252.
[9] *Wolff*, Verwaltungsrecht II, § 77 VI. d) 2., S. 120; *Dreher*, S. 131.
[10] s. o. § 2 II. 2. b).
[11] *Wolff*, Verwaltungsrecht II, § 77 VI. d) 2., S. 120; *Dreher*, S. 131; *Moll*, DVBl. 1954, 699; *Pleitner*, BayVBl. 1964, 253; so auch § 8 VwVfG, jedoch nur bei Beträgen über 50,— DM. — a. A. *Prost*, DÖV 1956, 81.
[12] Statt aller: *Dreher*, S. 130; so auch § 8 Abs. 1 S. 1 VwVfG.
[13] s. o. § 2 II. 2. b).
[14] s. o. § 2 II. 1.
[15] s. z. B. § 25 Abs. 3 rpPVG. Vgl. aber auch § 11 Abs. 2 Nr. 7 nwKostO u. § 8 Abs. 2 rpKostO.

I. Der Umfang bei der EV als Mittel des Verwaltungszwangs 49

Kosten der Ersatzvornahme handelt. Die Frage soll zunächst unter dem Gesichtspunkt der tatsächlichen (Un-)Kosten der Ersatzvornahme untersucht werden, wie sie für diejenigen Länder von Bedeutung ist, in denen es an einer gesetzlichen Bestimmung hinsichtlich des Umfangs der Kosten der Ersatzvornahme fehlt[16].

Setzt die Vollzugsbehörde eigene Dienstkräfte ein, um z. B. ein Hindernis von der Straße räumen zu lassen, so entstehen dem Behördenträger hierdurch regelmäßig keine Kosten, da den eingesetzten Bediensteten ohnehin die laufenden Bezüge zu zahlen sind. Bei den Gehaltsunkosten handelt es sich um Generalunkosten, die sich auf die allgemeine Verwaltungstätigkeit und nicht auf konkrete Amtshandlungen beziehen.

Etwas anderes kann nur dann gelten, wenn dem Behördenträger durch den Einsatz der Dienstkräfte im konkreten Fall besondere Aufwendungen entstehen[17], die über die normalen Gehaltskosten hinausgehen, etwa durch Zahlung von Überstundenzuschlägen, was jedoch beim Einsatz von Beamten so gut wie nie der Fall sein wird[18].

Ebenso entstehen der Vollzugsbehörde durch den Einsatz von Material bei der Vornahme nur dann Kosten, die Gegenstand eines Kostenerstattungsanspruchs sein können, wenn es sich hierbei um besondere Aufwendungen handelt, wie bei Verbrauch oder meßbarem Verschleiß eingesetzten Materials.

Eine weitere Ausnahme wird man dort machen müssen, wo die Vollzugsbehörde zum Zwecke der Durchführung der Ersatzvornahme eine gemeindliche Einrichtung (z. B. Feuerleiter der städt. Feuerwehr) verwendet hat und für die Benutzung eine Gebühr vorgesehen ist. Hier schuldet der Pflichtige zwar nicht eine Gebühr nach der die Gebührenpflicht regelnden Satzung, da nicht er, sondern die Vollzugsbehörde die Einrichtung in Anspruch genommen hat. Doch bestehen in einem solchen Fall keine Bedenken dagegen, die entstandenen Kosten in Anlehnung an den Gebührensatz der Satzung zu bemessen[19].

Zusammenfassend bleibt also festzustellen, daß in den Ländern, in denen es an einer den Umfang der Kosten regelnden Bestimmung fehlt, die Kosten der Ersatzvornahme — soweit es um die Kosten der Ausführung der zu erzwingenden Handlung im Wege der Selbstvornahme geht — von der zuletzt genannten Ausnahme abgesehen nur die an Hilfspersonen zu zahlenden Beträge und die besonderen, über das

---
[16] Bayern, Bremen, Niedersachsen.
[17] Vgl. Art. 58 bayPAG u. § 19 Abs. 3 breVwVerfG.
[18] Vgl. § 44 BRRG.
[19] *Samper*, Art. 58, Rdn. 5.

normale Maß für Besoldung und Ausrüstung hinausgehenden Aufwendungen umfassen[20].

In den Ländern Baden-Württemberg, Hamburg, Hessen, Schleswig-Holstein und im Saarland bestimmen sich die Kosten des Einsatzes von Vollzugsdienstkräften — in Hamburg und in Schleswig-Holstein auch für den Einsatz eines KFZ oder anderen Geräts — bei der Vornahme nach festen Pauschsätzen[21]. Zu den Kosten der Ersatzvornahme zählen also hier neben den baren Auslagen die nach Pauschsätzen festgelegten Personal- und Sachkosten der bei der Vornahme eingesetzten Bediensteten und des dabei eingesetzten Materials sowie die besonderen Aufwendungen, die nicht bereits durch zu zahlende Gebühren abgegolten sind.

2. Die Kosten der verwaltungsmäßigen Bearbeitung der Ersatzvornahme

Im Zusammenhang mit der Anwendung des Zwangsmittels Ersatzvornahme entstehen der Vollzugsbehörde regelmäßig Belastungen, die über die Aufwendungen für die eigentliche Vornahme hinausgehen. Es ist hierbei an den gesamten Verwaltungsaufwand zur Bearbeitung der Ersatzvornahme, Aufklärung des Sachverhalts, Androhung der Ersatzvornahme, Vergabe des Auftrags an den ausführenden Dritten u. ä. zu denken.

Unzweifelhaft gehören die Kosten der Feststellung der Erforderlichkeit und Zulässigkeit der zwangsweisen Durchsetzung im Wege der Ersatzvornahme, also die Kosten der ermittelten Tätigkeiten, nicht zu den Kosten der Ersatzvornahme[22]. Die Überprüfung der Erforderlichkeit und Zulässigkeit einer Maßnahme innerhalb des Zuständigkeitsbereichs der handelnden Behörde gehört zu deren allgemeinen behördlichen Aufgaben und ist nicht Sache des durch die Maßnahme Betroffenen. Der Pflichtige hat nur diejenigen Kosten zu erstatten, die durch die ersatzweise Vornahme ihm obliegender Tätigkeiten entstehen. Die Kostenfolge knüpft daran an, daß nicht der Handlungspflichtige, sondern ein anderer die Handlung ausführt und diesem dadurch Aufwendungen entstehen. Somit gehören auch die Kosten der Androhung der Ersatzvornahme als Zulässigkeitsvoraussetzung für die Anwendung der Ersatzvornahme nicht zu den erstattungsfähigen Kosten der Ersatzvornahme[23].

---

[20] Vgl. auch *Franzen*, § 55, Erl. 6.
[21] § 6 bwVKO (20,— DM für jeden Bediensteten je angefangene Stunde); § 1 hmbVKO (6,— DM); § 5 heVKO (8,— DM); § 1 saKostO (10,— DM); § 3 shVKO (10,— DM).
[22] *Hoffmann*, DÖV 1967, 299; *v. d. Groeben / Knack*, § 224, Rdn. 1.1; OVG Hmb., U. v. 21. 9. 1951, MDR 1952, 189.
[23] § 5 bwVKO sieht aber eine Gebühr für die Androhung von Zwangsmitteln vor.

Neben der Vornahme selbst könnte daher nur noch diejenige Verwaltungstätigkeit als kostenbegründend i. S. der Kosten der Ersatzvornahme in Betracht kommen, die in der Auswahl eines geeigneten Beauftragten, den Vertragsverhandlungen, der Preiskontrolle usw. liegt. Hier werden Tätigkeiten des Pflichtigen ersetzt, zumal wenn man davon ausgehen kann, daß auch der Pflichtige einen anderen mit der Ausführung der ihm gebotenen Handlung hätte beauftragen müssen, wie z. B. beim Abbruch eines baufälligen Hauses[24].

Diese Verwaltungskosten lassen sich jedoch rechnerisch nicht sondern, da durch die erwähnten Tätigkeiten nur die Arbeitskraft von festbesoldetem Behördenpersonal in Anspruch genommen wird, dem Behördenträger also hierdurch keine besonderen Aufwendungen entstehen[25].

Zu den erstattungsfähigen Kosten der Ersatzvornahme gehören also nur die bereits unter 1. näher spezifizierten Kosten der Ausführung der zu erzwingenden Handlung, also der eigentlichen Vornahme.

II. Der Umfang des gesetzlichen Kostenerstattungsanspruchs bei der Ersatzvornahme als Mittel der Kommunalaufsicht

Anders als in den meisten Verwaltungsvollstreckungsgesetzen fehlt es in den die aufsichtsrechtliche Ersatzvornahme beinhaltenden Gemeindeordnungen an Vorschriften, die den Umfang der Kostenerstattungspflicht bei der Ersatzvornahme genauer festlegen oder eine Ermächtigung zum Erlaß einer Umfang und Art der zu erstattenden Kosten festlegenden Kostenordnung enthalten. Der Umfang des Kostenerstattungsanspruchs bestimmt sich also einheitlich in allen Bundesländern nach den tatsächlich erbrachten Aufwendungen der Kommunalaufsichtsbehörde, die dieser aus der Durchführung der ersatzweise vorgenommenen Maßnahme erwachsen[26].

Hierzu gehören sowohl Auslagen wie auch andere im konkreten Fall entstandene besondere Aufwendungen, nicht jedoch die allgemei-

---

[24] Vgl. *Friedrichs*, prLVG, § 132, Erl. 10., S. 313: „Die Auswahl des mit der Ausführung beauftragten Dritten, die Erteilung des Auftrags und die Vereinbarung der Vergütung gehören ... zur Festsetzung und Ausführung des Zwangsmittels [Ersatzvornahme]."

[25] Nach § 1 Abs. 2 hmbVKO, § 1 Abs. 2 saKostO und § 3 Abs. 2 shVKO kann die Behörde im Falle der Ausführung durch einen Dritten einen Gemeinkostenzuschlag „zur Abgeltung ihrer eigenen Aufwendungen" (§ 3 Abs. 2 shVKO) in Höhe von 6 % der Aufwendungen für den Dritten (§ 1 Abs. 2 hmb VKO) bzw. 10 % der Aufwendungen für den Dritten (§ 1 Abs. 2 saKostO) erheben. Nach § 11 hmbVKO gehört dieser Gemeinkostenzuschlag jedoch nicht zu den Kosten der Ersatzvornahme: „Die Pflicht zur Erstattung der Kosten der Ersatzvornahme u n d zur Zahlung des Gemeinkostenzuschlags entsteht ..."

[26] *Schlempp*, § 140, Erl. V.

nen Verwaltungsunkosten der Kommunalaufsichtsbehörde[27]. Die Bereithaltung des allgemein erforderlichen Aufsichtspersonals gehört zu den aus der Staatsaufsicht fließenden Staatsaufgaben, von denen kraft Gesetzes nur die im Einzelfall bedingten Kosten ausgenommen sind[28]. Es gilt also entsprechendes wie bei der Ersatzvornahme als Mittel des Verwaltungszwangs, so daß auf die betreffenden Ausführungen verwiesen wird[29].

§ 7 Die rechtlichen Voraussetzungen des gesetzlichen Kostenerstattungsanspruchs

I. Die Rechtmäßigkeit der Ersatzvornahme als Voraussetzung des gesetzlichen Kostenerstattungsanspruchs

Die Frage, unter welchen rechtlichen Voraussetzungen der Kostenerstattungsanspruch bei der Ersatzvornahme gegeben ist, ist — soweit ersichtlich — bislang nur für den Bereich der Ersatzvornahme als Mittel des Verwaltungszwangs erörtert worden.

Dabei wird übereinstimmend die Auffassung vertreten, daß vom Pflichtigen nur die Kosten einer rechtmäßigen Ersatzvornahme erstattet verlangt werden können[1].

Die Auffassung von *Baur*, wonach auch die Kosten einer rechtswidrigen Ersatzvornahme im Verwaltungsvollstreckungsverfahren beigetrieben werden können[2], steht hierzu in einem nur scheinbaren Widerspruch. Die zwangsweise Beitreibung, also die Durchsetzung der Kostenforderung im Wege der Verwaltungsvollstreckung, setzt nämlich nur einen wirksamen, nicht aber auch einen rechtmäßigen Leistungsbescheid voraus[3]. Demnach ist es für die Zulässigkeit der zwangsweisen Beitreibung weitgehend ohne Belang, ob der Anspruch auf Erstattung der Kosten der Ersatzvornahme dem Grunde nach gegeben ist. Der in der Literatur weit verbreiteten Auffassung, die Rechtswidrigkeit der Ersatzvornahme habe die Unzulässigkeit der zwangsweisen Beitreibung

---

[27] *Schnapp*, S. 77, Fußn. 410; *Helmreich / Widtmann*, Art. 113, Anm. 5.
[28] *Schlempp*, § 140, Erl. V.
[29] s. o. § 6 I.

[1] *Drews / Wacke / Vogel*, S. 314; *Kreiling*, § 74, Erl. 6.; *Hurst*, DVBl. 1965, 760; *Maurer*, JuS 1970, 565; *Steckert*, DVBl. 1971, 246; bwVGH, U. v. 23. 10. 1972, ESVGH 23, 34 ff. (34). So auch wohl BVerwG, U. v. 9. 5. 1960, BVerwGE 10, 282 ff. (285); heVGH, U. v. 30. 9. 1960, DÖV 1961, 515 ff. (515); heVGH, U. v. 28. 10. 1960, VRspr. 14, 561 ff. (561).
[2] *Baur*, DVBl. 1965, 895.
[3] Es gilt hier entsprechendes wie bei der Durchsetzung eines auf ein Handeln, Dulden oder Unterlassen gerichteten Verwaltungsakts; s. o. § 3 I. 4. a).

des durch die Ersatzvornahme entstandenen Kostenbetrages zur Folge[4], kann somit nicht zugestimmt werden. Denn dies würde voraussetzen, daß die Fehlerhaftigkeit der Ersatzvornahme (z. B. infolge rechtsunwirksamer Androhung) nicht nur zur Rechtswidrigkeit des auf die Kosten der Ersatzvornahme gerichteten Leistungsbescheids, sondern auch stets zu dessen Nichtigkeit führt.

Zuzustimmen ist jedoch der hierin enthaltenen Feststellung, daß vom Pflichtigen nur die Kosten einer rechtmäßigen Ersatzvornahme verlangt werden können. Nur wenn die Behörde im konkreten Fall ermächtigt ist, die dem Pflichtigen obliegende Handlung im Wege der Ersatzvornahme durchzusetzen, darf sie sie auch „auf Kosten des Pflichtigen" durchsetzen. Der gesetzliche Kostenerstattungsanspruch hat also die Rechtmäßigkeit der Anwendung der Ersatzvornahme zur Voraussetzung[5].

Gleiches gilt auch hinsichtlich der Kosten einer aufsichtsrechtlichen Ersatzvornahme. Auch hier ist der gesetzliche Kostenerstattungsanspruch nur dann gegeben, wenn die Ersatzvornahme rechtmäßig war, wenn also die Kommunalaufsichtsbehörde im konkreten Fall ermächtigt war, die aufsichtsbehördliche Anordnung „auf Kosten der Gemeinde" durchzusetzen.

II. Die Voraussetzungen im einzelnen

1. bei der Ersatzvornahme als Mittel des Verwaltungszwangs

Die Rechtmäßigkeit der Anwendung der Ersatzvornahme als Voraussetzung des gesetzlichen Kostenerstattungsanspruchs der Vollzugsbehörde gegen den Pflichtigen erfordert neben der Zuständigkeit der handelnden Behörde zunächst die Vollziehbarkeit des zugrundeliegenden Verwaltungsakts[6] bzw. die Durchsetzbarkeit der konkreten, aber noch nicht aktualisierten Handlungsverpflichtung im Wege des sofortigen Zwangs[7] sowie die Statthaftigkeit der Ersatzvornahme im zu beurteilenden Fall[8].

---

[4] So etwa *Ule / Rasch*, § 55 (prPVG), Rdn. 36, S. 211; *Maurer*, JuS 1970, 565. *Ule / Rasch* und *Maurer* beziehen sich dabei auf den Fall der Fehlerhaftigkeit der Ersatzvornahme infolge fehlerhafter Androhung (Fehlen des Kostenvoranschlags).

[5] s. Fußn. 1. So ausdrücklich § 9 rpVKO: „Der Vollstreckungsschuldner hat jedoch die Kosten nicht zu tragen, wenn und soweit sich die Vollstreckung oder einzelne Vollstreckungsmaßnahmen als unzulässig erweisen." s. hierzu auch § 15 heVKO u. § 14 Abs. 1 nwKostO.

[6] s. dazu im einzelnen § 3 I. 4. a).

[7] s. dazu im einzelnen § 3 I. 4. b).

[8] s. dazu im einzelnen § 4 I. 1.

§ 7 Die Voraussetzungen des Kostenerstattungsanspruchs

Darüber hinaus müssen aber auch alle sonstigen vom Gesetz vorgeschriebenen Verfahrensvoraussetzungen erfüllt sein, bei der Durchführung im gesetzlichen Normalfall also Androhung mit Fristsetzung und gegebenenfalls die Festsetzung der Ersatzvornahme[9].

Eine besondere Bedeutung kommt in diesem Zusammenhang der vorläufigen Veranschlagung der Kosten zu, wie sie von den meisten Verwaltungsvollstreckungs- und Polizeigesetzen in der Androhung der Ersatzvornahme gefordert wird[10].

Fehlt der Kostenvoranschlag, so ist die Androhung unwirksam und die Ersatzvornahme darf nicht durchgeführt werden[11]. Der gesetzliche Kostenerstattungsanspruch ist folglich schon dem Grunde nach nicht gegeben[12].

Ebenso könnte aber auch eine Inkongruenz zwischen den vorläufig veranschlagten und den endgültigen Kosten der Ersatzvornahme gleiches zur Folge haben, zumal dann, wenn die endgültigen Kosten die vorläufig veranschlagten Kosten übersteigen.

Die Mitteilung des Kostenvoranschlags verfolgt den Zweck, dem Pflichtigen das Kostenrisiko vor Augen zu führen, das er mit seinem Untätigbleiben eingeht[13]. Hiermit wird ihm die Möglichkeit gegeben, sich unter Berücksichtigung der zu erwartenden Kostenbelastung zu entscheiden, die geforderte Handlung doch noch selbst vorzunehmen und damit u. U. einer noch höheren Kostenbelastung aus dem Wege zu gehen oder die Ersatzvornahme mit allen Folgen zu akzeptieren. Daraus folgt aber, daß der Pflichtige sich auf den ihm in der Androhung mitgeteilten Kostenvoranschlag verlassen können muß, was allerdings nicht bedeutet, daß sich die veranschlagten und die tatsächlich entstandenen Kosten dem Umfang nach genau decken müssen, wie sich aus dem gesetzlichen Recht auf Nachforderung ergibt[14]. Die Differenz hat sich jedoch in einem „der Größenordnung des gesamten Kostenbetrages entsprechenden Rahmen" zu halten[15].

Übersteigt der endgültige Kostenbetrag die vorläufig veranschlagten Kosten wesentlich — das ist nach einem vom OVG Lbg. hierzu ergan-

---

[9] s. dazu im einzelnen § 3 I. 4. und § 4 I. 2.
[10] s. o. § 4, Fußn. 16.
[11] *Ule / Rasch*, § 55 (prPVG), Rdn. 36, S. 211; *Vogel*, § 62, Anm. 18; *Hurst*, DVBl. 1965, 760.
[12] *Pünder*, S. 170; *Ule / Rasch*, § 55 (prPVG), Rdn. 36, S. 211; *Hurst*, DVBl. 1965, 760; *Maurer*, Jus 1970, 565.
[13] *Engelhardt*, § 13, Rdn. 7.
[14] § 13 Abs. 4 S. 2 BVwVG; Art. 36 Abs. 4 S. 3 bayVwZVG; § 17 Abs. 5 S. 2 breVwVerfG; § 74 Abs. 3 S. 3 heVwVG; § 37 Abs. 3 ndsSOG; § 62 Abs. 4 S. 2 nwVwVG; § 66 Abs. 4 S. 2 rpVwVG; § 19 Abs. 4 S. 2 saVwVG; § 202 Abs. 6 S. 2 shLVwG.
[15] OVG Lbg., Beschl. v. 17. 7. 1970, DÖV 1970, 789 f. (789).

II. Die Voraussetzungen im einzelnen

genen Beschluß bei einer Übersteigung von mehr als 100 % stets der Fall[16] —, so hat der Kostenvoranschlag seinen Zweck verfehlt und es liegt die Annahme nahe, daß sich hieran die gleichen Rechtsfolgen knüpfen wie an ein gänzliches Versäumnis der Mitteilung über die voraussichtlich entstehenden Kosten. Das würde bedeuten, daß die Androhung unwirksam wäre und eine Kostenzahlungspflicht schon dem Grunde nach nicht bestünde, d. h. auch nicht in Höhe des mitgeteilten Betrages. Es ist jedoch zu bedenken, daß der Pflichtige die Ersatzvornahme mit der nach dem Kostenvoranschlag zu erwartenden Kostenfolge in Kauf genommen hat, so daß mit dem OVG Lbg. richtigerweise von dem grundsätzlichen Bestehen einer Kostenzahlungspflicht auszugehen ist[17]. Entgegen der Ansicht des OVG Lbg. beschränkt sich diese jedoch nicht auf den in der Androhung mitgeteilten Kostenbetrag, sondern umfaßt auch noch den Betrag, der bei dem jeweiligen Kostenvoranschlag eine noch zulässige Überschreitung dargestellt hätte.

Der Fall der Inkongruenz zwischen den vorläufig veranschlagten und den tatsächlich entstandenen Kosten macht deutlich, daß sich die Frage nach den rechtlichen Voraussetzungen des gesetzlichen Kostenerstattungsanspruchs mit dem unter I. aufgestellten Grundsatz nicht erschöpfend beantworten läßt. Der gesetzliche Kostenerstattungsanspruch steht und fällt zwar dem Grunde nach mit der zum Zeitpunkt der Anwendung der Ersatzvornahme bestehenden Ermächtigung, die Handlung auf Kosten des Pflichtigen durchzuführen; gleichwohl kann auch bei Bestehen einer derartigen Ermächtigung der gesetzliche Kostenerstattungsanspruch nur zum Teil, also nicht in voller Höhe gegeben sein.

Verfahrensfehler, durch die zwar der Kostenerstattungsanspruch dem Grunde nach unberührt bleibt, die aber Einfluß auf dem Umfang des zu erstattenden Kostenbetrages haben, können sich insbesondere aus der Art und Weise der Ausführung der ersatzweise vorgenommenen Handlung ergeben.

So führt etwa die Verletzung der Pflicht, die Ersatzvornahme mit dem geringstmöglichen Kostenaufwand zu bewerkstelligen[18], nicht zu einem gänzlichen Wegfall des Anspruchs auf Erstattung der durch die Ersatzvornahme entstandenen Kosten, wohl aber zu einer Beschränkung desselben auf die zur Erreichung des Zwecks notwendigen Aufwendungen[19].

---

[16] OVG Lbg., Beschl. v. 17. 7. 1970, DÖV 1970, 789 f. (789). Ein fester Grenzwert wird hier jedoch nicht angegeben. So läßt das OVG Lbg. die Frage, ob eine Differenz von 20 - 30 % schon als wesentlich in diesem Zusammenhang anzusehen ist, ausdrücklich offen.
[17] OVG Lbg., a.a.O.
[18] Die Durchführung der Ersatzvornahme ist wie jede andere der Eingriffsverwaltung zuzuordnende Maßnahme nur unter Beachtung der Grundsätze

2. bei der Ersatzvornahme als Mittel der Kommunalaufsicht

Als Voraussetzungen für den Kostenerstattungsanspruch der Kommunalaufsichtsbehörde gegen die Gemeinde als Folge einer aufsichtsrechtlichen Ersatzvornahme sind zu nennen: die Zuständigkeit der handelnden Behörde, die Zulässigkeit der Ersatzvornahme als statthaftem Aufsichtsmittel[20], Wirksamkeit und Durchsetzbarkeit der vorausgegangenen aufsichtsbehördlichen Anordnung[21] sowie die Androhung der Ersatzvornahme, Fristsetzung und Fristablauf[22].

Ebenso wie bei der Ersatzvornahme als Mittel des Verwaltungszwangs ist auch hier der Kostenerstattungsanspruch nur hinsichtlich der zur Erreichung des Zwecks notwendigen Aufwendungen gegeben.

Ergänzend sei darauf hingewiesen, daß die Rechtswidrigkeit der Ersatzvornahme in der Regel nicht das Außenverhältnis, also die durch die Ersatzvornahme geschaffenen Rechtsbeziehungen zwischen der Gemeinde und Dritten berührt. Das bedeutet, daß der Gemeinde auch durch eine im Innenverhältnis (Verhältnis zwischen Kommunalaufsichtsbehörde und Gemeinde) rechtswidrige Ersatzvornahme Kosten dadurch entstehen können, daß der durch den im Wege der Ersatzvornahme gesetzten Akt berechtigte Dritte die Gemeinde in Anspruch nimmt (Folgekosten)[23]. Die Gemeinde kann sich dem Dritten gegenüber nicht darauf berufen, die Aufsichtsbehörde sei nicht berechtigt gewesen, im Wege der Ersatzvornahme vorzugehen. Sie kann jedoch gegebenenfalls einwenden, daß die Aufsichtsbehörde die Grenzen ihrer Wahrnehmungszuständigkeit überschritten hat, wenn also die örtlich oder funktionell unzuständige Behörde tätig geworden ist[24].

---

der Geeignetheit, Erforderlichkeit und Verhältnismäßigkeit als rechtmäßig anzusehen. Da sich die Eingriffswirkung der Ersatzvornahme auch und vor allem in der Entstehung einer Kostenfolge zu Lasten des Pflichtigen zeigt, ist die Vollzugsbehörde also gehalten, bei der Auswahl der Zwangsmittel und der Durchführung der Ersatzvornahme diesen Grundsätzen auch in Hinblick auf die Kostenbelastung des Pflichtigen Rechnung zu tragen. Das bedeutet, abgesehen von dem bereits behandelten Problem der Tunlichkeit der Ersatzvornahme im Verhältnis zu anderen in Frage kommenden Zwangsmitteln (s. o. § 4 I. 1. b)), daß die Vollzugsbehörde die Ausführung der gebotenen Handlung mit dem zur Erreichung des Zwecks geringstmöglichen Kostenaufwand zu bewerkstelligen hat.

[19] So auch ausdrücklich Art. 58 bayPAG; s. dazu *Samper*, Art. 58, Rdn. 7. Nach *Baur*, DVBl. 1965, 895, ist die Beantwortung der Frage, ob auch unnötige oder unverhältnismäßig hohe Aufwendung verlangt werden können, dem § 670 BGB (mit § 683 BGB) zu entnehmen. Dagegen weist *Klein*, DVBl. 1968, 167, mit Recht darauf hin, daß es hier einer entsprechenden Anwendung des § 670 BGB nicht bedarf, da sich die Lösung dieser Frage bereits aus dem Grundsatz der Verhältnismäßigkeit ergibt.

[20] s. dazu im einzelnen § 4 II. 1.
[21] s. dazu im einzelnen § 4 II. 1. b).
[22] s. dazu im einzelnen § 4 II. 2.
[23] s. o. § 5, Fußn. 2 u. 9.
[24] *Schnapp*, S. 89.

III. Die Kostentragung bei Einstellung des Verfahrens

Wie bereits mehrfach erwähnt, stellt die Kostenerstattungspflicht bei der Ersatzvornahme eine gesetzlich angeordnete Folge der Ersatzvornahme dar. Daraus könnte man schließen, daß der Kostenerstattungsanspruch nur dann besteht, wenn es auch tatsächlich zur Ersatzausführung gekommen ist, der gewünschte Handlungserfolg also nicht durch den Handlungspflichtigen selbst, sondern durch die Vollzugs- bzw. Kommunalaufsichtsbehörde oder den von ihr Beauftragten unmittelbar herbeigeführt worden ist.

Gleichwohl können der handelnden Behörde auch in diesem Fall Kosten entstehen. Beauftragt die Behörde einen Unternehmer mit der Ausführung, nimmt aber der Pflichtige oder die Gemeinde inzwischen die gebotene Handlung selbst vor, so hat die Behörde dennoch dem Unternehmer grundsätzlich die vereinbarte Vergütung zu zahlen (§ 649 S. 2 BGB). Es handelt sich hierbei bereits um Kosten der Ersatzvornahme, da die Beauftragung des Unternehmers als kostenbegründende Handlung an Stelle des Pflichtigen bzw. der Gemeinde vorgenommen wurde und zu diesem Zeitpunkt auch eine entsprechende Ermächtigung bestand[25].

Die später erfolgte Einstellung des Verfahrens wegen Erreichung des Zwecks führt auch nicht zum Erlöschen des einmal entstandenen Anspruchs, da der Anspruch auf die Erstattung der Kosten der Ersatzvornahme weder ein Vollziehungsmittel i. S. des allgemeinen Verwaltungszwangs[26] noch ein Aufsichtsmittel[27] darstellt.

§ 8 Geltendmachung und Durchsetzung des gesetzlichen Kostenerstattungsanspruchs

I. Die Fälligkeit der Kostenschuld

Soweit es um die tatsächlichen Kosten der Ersatzvornahme geht, kann deren Erstattung gefordert werden, sobald der endgültige Kostenbetrag feststeht. Die Kostenschuld ist sofort fällig[1].

---

[25] Vgl. auch § 11 Abs. 1 hmbVKO: „Die Pflicht zur Erstattung der Kosten der Ersatzvornahme und zur Zahlung des Gemeinkostenzuschlags entsteht mit der Erteilung des Auftrags an den Vollziehungsbeamten, die andere Stelle oder den Dritten."
[26] *Pünder*, S. 182; *v. d. Groeben / Knack*, § 204, Rdn. 5.2; *Sommer*, bwVBl. 1969, 82; OVG Mstr., Beschl. v. 29. 11. 1966, OVGE 22, 307 ff. (310).
[27] Vgl. *Schnapp*, S. 78: „Die Kostenfolge ist zwar eine Rechtsfolge der Ersatzvornahme, aber dennoch nur eine durch Gesetz geregelte Nebenfolge. Sie ist nicht Objekt des zweckgerichteten Gestaltens der Aufsichtsbehörde."

Zweifelhaft ist, ob auch bereits vor Ausführung der Handlung, also vor Durchführung der Ersatznahme, vom Pflichtigen bzw. der Gemeinde die Zahlung der voraussichtlich entstehenden Kosten verlangt werden kann. Während die Länder Baden-Württemberg, Bayern, Hamburg, Hessen, Niedersachsen, Rheinland-Pfalz (nur für den Bereich des Polizeivollzugsdienstes) und Schleswig-Holstein diese Möglichkeit für die Ersatzvornahme als Mittel des Verwaltungszwangs ausdrücklich vorsehen[2], fehlt in den Gemeindeordnungen sowie in den übrigen Verwaltungsvollstreckungs- und Polizeigesetzen eine entsprechende Bestimmung.

Aus dem Fehlen einer ausdrücklichen Regelung (im nwVwVG) hat das OVG Mstr[3]. hergeleitet, es sei „nicht zu beanstanden, wenn die Verwaltungsbehörden immer mehr dazu übergehen, zunächst den Eingang des Kostenbetrages abzuwarten und dann erst die Handlung durch einen Dritten ausführen zu lassen, um spätere Ausfälle zu vermeiden"[4].

Hiergegen ist in der Tat wohl kaum etwas einzuwenden, falls die Zahlung freiwillig erfolgt und sich die Tätigkeit der Behörde diesbezüglich in einem bloßen „Abwarten" erschöpft. Bedenken bestehen aber gegen die Annahme des OVG Mstr., mangels ausdrücklicher gesetzlicher Regelung stehe es der Behörde frei, ob sie die Kosten vor oder nach der Ausführung *einzieht*[5].

Die Anforderung der vorläufig veranschlagten Kosten, also die einseitige und verbindliche Erklärung der Behörde, daß der zu erwartende Kostenbetrag bereits vor Ausführung der Handlung fällig sei[6], ist als Eingriff in die Rechtssphäre des Betroffenen zu werten. Die Befugnis zu Eingriffen in die Rechtssphäre des Betroffenen kann jedoch nicht allein aus dem Fehlen einer entgegenstehenden gesetzlichen Regelung entnommen werden. Denn das Gesetz ist nicht nur die Schranke, sondern erst die notwendige Grundlage für Eingriffe der Verwaltung. Wo eine gesetzliche Grundlage fehlt, ist der Eingriff unzulässig.

Aus den gesetzlichen Bestimmungen, welche die Behörde zur Vornahme der pflichtwidrig unterlassenen Handlung an Stelle und „auf Kosten" des Pflichtigen bzw. der Gemeinde ermächtigen, läßt sich eine Befugnis zur Anforderung vorläufig veranschlagter Kosten nicht her-

---

[1] Vgl. auch § 17 hmbVKO.
[2] § 31 Abs. 4 bwVwVG; Art. 36 Abs. 4 S. 2 bayVwZVG; § 19 Abs. 2 hmb VwVG; § 34 Abs. 3 heVwVG; § 28 Abs. 2 heSOG; § 37 Abs. 3 ndsSOG; § 25 Abs. 3 S. 2 rpPVG; § 204 Abs. 4 shLVwG; ebenso § 55 Abs. 5 prPVG.
[3] OVG Mstr., Beschl. v. 2. 12. 1958, OVGE 14, 218 ff.
[4] OVGE 14, 236 f.
[5] OVGE 14, 236; *Pünder*, S. 410.
[6] Vgl. OVGE 14, 237; *Pünder*, S. 410. s. hierzu auch Art. 36 Abs. 4 S. 2 bayVwZVG.

I. Die Fälligkeit der Kostenschuld

leiten. Die Befugnis, eine Handlung „auf Kosten des Pflichtigen" oder „auf Kosten der Gemeinde" durchzuführen oder durchführen zu lassen, beinhaltet lediglich das Recht, die Erstattung der tatsächlichen Kosten, also der Kosten des bereits durchgeführten Verfahrens, zu verlangen[7]. Die Forderung, diese Aufwendungen zu ersetzen, ist selbst keine Vollstreckungsmaßnahme oder Vollzugsmaßnahme, sondern beruht lediglich auf einer solchen Maßnahme[8]. Sie setzt jene somit erst voraus und kann folglich auch erst nach der Ausführung der Handlung, also dem eigentlichen Vollzug, geltend gemacht werden.

Ein Recht zur Anforderung des in dem Kostenvoranschlag mitgeteilten Kostenbetrages bereits vor Durchführung der Ersatzvornahme könnte allerdings aus der in den meisten Verwaltungsvollstreckungsgesetzen enthaltenen Bestimmung hergeleitet werden, das Recht auf Nachforderung bleibe unberührt, wenn die Ersatzvornahme einen höheren Kostenaufwand verursacht[9]. Dieser Bestimmung kommt zwar in erster Linie nur eine klarstellende Funktion zu: Der Umfang des auf die tatsächlichen Kosten der Ersatzvornahme gerichteten Erstattungsanspruchs bleibt durch den Kostenvoranschlag unberührt[10]. Die Verwendung des Begriffs „Nachforderung" läßt jedoch den Schluß zu, daß der Gesetzgeber von dem Bestehen eines Forderungsrechts bereits zu dem Zeitpunkt ausgeht, zu dem die tatsächlichen Kosten der Ersatzvornahme noch nicht feststehen, also vor Ausführung der Handlung[11].

Soweit hiernach ein Recht zur Anforderung des vorläufig veranschlagten Kostenbetrages besteht — dies ist bei der aufsichtsrechtlichen Ersatzvornahme mangels entsprechender gesetzlicher Regelung nicht der Fall —, kann die Fälligkeit der Kostenschuld also bereits vor Durchführung der Ersatzvornahme, jedoch erst nach Ablauf der gestellten Zahlungsfrist sowie der gesetzten Frist zum Handeln eintreten[12].

---

[7] *Engelhardt*, § 10, Rdn. 12.
[8] OVG Mstr., Beschl. v. 29. 11. 1966, OVGE 22, 307 ff. (308).
[9] § 13 Abs. 4 S. 2 BVwVG; Art. 36 Abs. 4 S. 3 bayVwZVG; § 17 Abs. 5 S. 2 breVwVerfG; § 74 Abs. 3 S. 3 heVwVG; § 66 Abs. 4 S. 2 rpVwVG; § 37 Abs. 3 ndsSOG; § 62 Abs. 4 S. 2 nwVwVG; § 19 Abs. 4 S. 2 saVwVG; § 202 Abs. 6 S. 2 shLVwG.
[10] s. hierzu aber oben § 7 II. 1.
[11] So auch wohl *Engelhardt*, § 10, Rdn. 12. Im Ergebnis wird ein Recht auf Anforderung der vorläufig veranschlagten Kosten auch ohne ausdrückliche gesetzliche Ermächtigung ebenfalls bejaht von: *Vogel*, § 59 Anm. 5.; *Altmeyer / Lahm*, § 63, Erl. III.; *Drews / Wacke / Vogel*, S. 315; *Zinser*, DVBl. 1952, 416; ebenso VV 59.3 zu § 59 nwVwVG.
[12] Vgl. VV 59.3 zu § 59 nwVwVG.

II. Die Mittel zur Geltendmachung und Durchsetzung des gesetzlichen Kostenerstattungsanspruchs

1. Leistungsbescheid und zwangsweise Beitreibung im Wege der Verwaltungsvollstreckung

Die sich aus der Durchführung der Ersatzvornahme ergebenden Kosten können gegenüber dem Kostenschuldner durch Verwaltungsakt festgesetzt[13] und als selbständige öffentlich-rechtliche Schuld im Verwaltungsvollstreckungsverfahren beigetrieben werden[14]. Vollstreckungsgrundlage ist dabei die Kostenfestsetzung, die einen selbständig angreifbaren Verwaltungsakt darstellt[15].

Das Verfahren der zwangsweisen Beitreibung der Kosten der Ersatzvornahme richtet sich im einzelnen nach den die Vollstreckung von Geldforderungen betreffenden Vorschriften der Verwaltungsvollstreckungsgesetze, die für die Beitreibung der Kosten einer Ersatzvornahme z. T. besondere Bestimmungen enthalten. So können etwa nach § 6 Abs. 4 lit. a) nwVwVG und § 14 Abs. 4 lit. a) bwVwVG die Kosten einer Ersatzvornahme auch ohne die ansonsten erforderliche Mahnung[16] beigetrieben werden. Nach § 6 Abs. 4 lit. a) nwVwVG bedarf es zudem auch nicht der Einhaltung der in § 6 Abs. 1 Nr. 3 nwVwVG geforderten Schonfrist.

2. Verwaltungsgerichtliche Leistungsklage

Wegen der Möglichkeit der Erlasses eines die Kosten der Ersatzvornahme betreffenden Leistungsbescheids sowie zwangsweiser Beitreibung des Kostenbetrages im Verwaltungsvollstreckungsverfahren besteht für eine auf die Erstattung der Kosten gerichtete Leistungsklage seitens des Trägers der Vollzugs- bzw. Kommunalaufsichtsbehörde grundsätzlich kein Rechtsschutzbedürfnis[17]. Ein Rechtsschutzbedürfnis wird nur dann ausnahmsweise anzunehmen sein, wenn von vornherein damit gerechnet werden kann, daß der Kostenschuldner mit dem Leistungsbescheid nicht einverstanden sein wird und letztlich doch das Verwaltungsgericht anrufen wird[18].

---

[13] *Ule / Rasch*, § 55 (prPVG), Rdn. 37, S. 212; *Kreiling*, § 74, Erl. 6.; *Steckert*, DVBl. 1971, 246. So auch § 19 Abs. 3 breVwVerfG; § 19 Abs. 1 hmbVwVG.

[14] *Engelhardt*, § 10, Rdn. 10; *Rasch / Patzig*, § 10 (BVwVG), Anm. III. 1., S. 629; *Drews / Wacke / Vogel*, S. 315; *Pünder*, S. 181; *Schmitt-Lermann*, Art. 31, Anm. 4; *Kunze / Schmid / Rehm*, § 123, Erl. 3. a) (für die Kosten der aufsichtsrechtlichen Ersatzvornahme). So auch ausdrücklich § 55 Abs. 5 prPVG; § 28 Abs. 2 heSOG; § 37 Abs. 3 ndsSOG; § 19 Abs. 4 breVwVerfG; § 25 Abs. 3 S. 3 rpPVG.

[15] *Engelhardt*, § 10, Rdn. 13; *Kreiling*, § 74, Erl. 6.; *Forsthoff*, S. 299.

[16] § 6 Abs. 3 nwVwVG; § 14 Abs. 1 bwVwVG.

[17] BVerwG, U. v. 21. 9. 1966, BVerwGE 25, 73 ff. (80).

III. Die Rechtsmittel gegen die Anforderung der Kosten

1. Zur Zulässigkeit der verwaltungsgerichtlichen Anfechtungsklage gegen die Kostenanforderung

Die Festsetzung der endgültigen Kosten der Ersatzvornahme begründet eine neue öffentlich-rechtliche Verbindlichkeit[19]. Sie ist ein gegenüber der Ersatzvornahme (Androhung, Festsetzung und Anwendung) selbständiger Verwaltungsakt und demgemäß auch selbständig mit Widerspruch und Anfechtungsklage anfechtbar[20].

Hingegen ist die Veranschlagung der voraussichtlichen Kosten, also die Mitteilung über den voraussichtlich entstehenden Kostenbetrag, ein (i. d. R. zwingend vorgeschriebener[21]) Bestandteil der Androhung der Ersatzvornahme und als solcher nicht isoliert anfechtbar[22].

Gleiches gilt auch dann, wenn in der Androhung zusätzlich bestimmt ist, daß der vorläufig veranschlagte Kostenbetrag bereits vor Durchführung der Ersatzvornahme fällig ist. Die Androhung und nicht die hierin enthaltene Kostenanforderung ist in diesem Fall auch Vollstreckungsgrundlage für die Beitreibung des vorläufig veranschlagten Kostenbetrages im Verwaltungsvollstreckungsverfahren[23]. Eine außerhalb der Androhung ergehende Anforderung der vorläufig veranschlagten Kosten muß dagegen als selbständig anfechtbarer Verwaltungsakt angesehen werden, wenn der Pflichtige erst hieraus erkennt, daß er zunächst den veranschlagten Kostenbetrag zahlen muß und dann erst die Ersatzvornahme durchgeführt wird[24].

2. Zur Frage der aufschiebenden Wirkung einer gegen die Anforderung der Kosten gerichteten Anfechtungsklage

Von erheblicher praktischer Bedeutung ist die Frage, ob ein gegen die Anforderung der Kosten der Ersatzvornahme eingelegter Rechtsbehelf aufschiebende Wirkung hat.

---

[18] BVerwGE 25, 80; *Wiethaup*, Dt.GemStZ 1973, 102.
[19] *Forsthoff*, S. 299; *Foerster*, § 204, Erl. 4.
[20] Bei der Anfechtung der Festsetzung der Kosten einer aufsichtsrechtlichen Ersatzvornahme ist zu beachten, daß hier ein Widerspruchsverfahren dann entbehrlich ist, wenn die allgemeine Kommunalaufsicht vom Minister des Inneren wahrgenommen wird (§ 68 Abs. 1 Nr. 1 VwGO). Dies ist z. B. in Schleswig-Holstein und z. T. auch in Hessen der Fall (Frankfurt).
[21] s. o. § 4, Fußn. 16.
[22] Zudem ist es sehr zweifelhaft, ob die bloße Mitteilung der zu erwartenden Kosten schon als Regelung i. S. d. Verwaltungsakts anzusehen ist.
[23] *Ule / Rasch*, § 55 (prPVG), Rdn. 37, S. 212; *Altmeyer / Lahm*, § 63, Erl. III.; *Kreiling*, § 74, Erl. 6.
[24] *Pünder*, S. 409 ff.; *Traulsen*, S. 107.

a) Zur Anwendbarkeit des § 80 Abs. 2 Nr. 1 VwGO

Die Frage ist zunächst im Hinblick auf die Regelung des § 80 Abs. 2 Nr. 1 VwGO zu prüfen, wonach in Abweichung von dem in § 80 Abs. 1 VwGO aufgestellten Grundsatz die aufschiebende Wirkung von Widerspruch und Anfechtungsklage bei der Anforderung von „öffentlichen Abgaben und Kosten" ausnahmsweise entfällt.

Da zu den öffentlichen Abgaben üblicherweise nur Steuern, Gebühren und Beiträge gerechnet werden[25], fallen die sich aus baren Auslagen und anderen besonderen Aufwendungen zusammensetzenden Kosten einer Ersatzvornahme nicht unter diesen Begriff[26].

Etwas anderes mag allenfalls in denjenigen Bundesländern gelten, in denen die Vollzugsbehörde im Falle der Selbstvornahme für ihre Personalaufwendungen zur Durchführung der Ersatzvornahme einen Pauschalbetrag erheben kann[27]. Dem Rechtscharakter nach handelt es sich hierbei um eine Gebühr[28], so daß die Kostenforderung insoweit auch als Abgabenforderung angesehen werden könnte.

Einschlägiger erscheint jedoch auch hier der Begriff der Kosten, der in verschiedenen Gesetzen als Oberbegriff für die in einem Verwaltungsverfahren oder Verwaltungsstreitverfahren anfallenden Gebühren und Auslagen verwendet ist[29].

Als „Kosten" bezeichnen ebenfalls die Verwaltungsvollstreckungsgesetze die in den entsprechenden Vollstreckungskostenordnungen im einzelnen ausgewiesenen Gebühren und Auslagen[30], wozu auch die bei der Ersatzvornahme zu zahlenden Beträge gehören[31].

Hieraus folgerte das OVG Mstr. in seinem Beschluß vom 2. 12. 1958[32], daß es sich bei den Kosten der Ersatzvornahme auch um Kosten i. S. d. dem § 80 Abs. 2 Nr. 1 VwGO entsprechenden § 52 Abs. 2 MVRO handele[33].

---

[25] *Eyermann / Fröhler*, § 80, Rdn. 17; *Fleiner*, Institutionen, S. 419 ff.
[26] *Redeker / v. Oertzen*, § 80, Rdn. 19; *Ule*, Verwaltungsprozeßrecht, S. 286; OVG Mstr., Beschl. v. 19. 11. 1966, OVGE 22, 307 ff. (310); bayVGH, Beschl. v. 25. 1. 1971, VGHE n. F. 24, 31 ff. (32). Vgl. hierzu auch bayVGH, U. v. 21. 4. 1966, BayVBl. 1966, 283 ff. (285).
[27] § 6 bwVKO; § 5 heVKO; § 1 Abs. 1 hmbVKO; § 1 Abs. 1 saKostO; § 3 shVKO.
[28] So ausdrücklich § 6 bwVKO; § 5 heVKO. Zum Begriff der Gebühr s. auch bayVGH, U. v. 21. 4. 1966, BayVBl. 1966, 283 ff. (285).
[29] § 1 Abs. 1 BVwKostG; Art. 1 Abs. 1 bayKostG; § 1 Abs. 1 ndsVwKostG; § 162 Abs. 1 VwGO. s. hierzu auch *Wolff*, Verwaltungsrecht III, § 156 V. f) 1. u. 2, S. 292.
[30] Vgl. § 31 bwVwVG; § 77 hmbVwVG; § 80 heVwVG; § 68 nwVwVG; § 77 saVwVG; § 224 shLVwG.
[31] Vgl. etwa § 5 heVKO; § 11 Abs. 2 Nr. 7 nwKostO.
[32] OVGE 14, 218 ff.
[33] OVGE 14, 225.

III. Die Rechtsmittel gegen die Kostenanforderung

Dagegen vertritt die inzwischen ganz h. M. die Auffassung, nicht alle Geldleistungen, die das Gesetz als Kosten bezeichnet, seien auch Kosten i. S. d. § 80 Abs. 2 Nr. 1 VwGO, so auch nicht die Kosten einer Ersatzvornahme[34].

Dieser Auffassung ist mit den vom OVG Mstr. in einer Entscheidung aus dem Jahre 1966[35] vorgebrachten Gründen zu folgen. Das OVG Mstr. geht nun zu Recht davon aus, daß die Vorschrift des § 80 Abs. 2 Nr. 1 VwGO eine Ausnahmebestimmung darstellt, die als solche eng auszulegen ist[36]. Eine Begrenzung des Anwendungsbereichs nach Sinn und Zweck der Bestimmung ist daher erforderlich[37].

Sinn und Zweck der Vorschrift des § 80 Abs. 2 Nr. 1 VwGO sind darauf gerichtet, zu verhindern, daß die ordnungsgemäße Haushaltsplanung durch die aufschiebende Wirkung von zahlreichen (offenbar unberechtigten) Prozessen gegen Abgaben- und Kostenforderungen gestört wird[38]. Bestünde diese Regelung nicht, wäre die Verwaltung darauf angewiesen, in jedem Einzelfall die sofortige Vollziehung i. S. d. § 80 Abs. 2 Nr. 4 VwGO anzuordnen, um einen Ausschluß der aufschiebenden Wirkung herbeizuführen. Gerade bei solchen Geldleistungsansprüchen, auf deren pünktliche Erfüllung die öffentlichen Haushalte regelmäßig angewiesen sind, um ihre dem Gemeinwohl dienenden Ausgaben decken zu können, würde die Anordnung des sofortigen Vollzugs jedoch fast immer auf sehr große Schwierigkeiten stoßen, da besondere Umstände, die über das bei derartigen Geldleistungsansprüchen in der Regel vorliegende allgemeine Interesse an der sofortigen Vollziehung hinausgehen[39], wohl selten vorgebracht werden können[40].

Diese Sachlage rechtfertigt es, Widerspruch und Anfechtungsklage gegen Anforderungen von öffentlich-rechtlichen Geldleistungen, deren pünktliche Zahlung allgemein im öffentlichen Interesse liegt, die aufschiebende Wirkung durch § 80 Abs. 2 Nr. 1 VwGO generell zu versagen.

---

[34] *Eyermann / Fröhler*, § 80, Rdn. 19; *Redeker / v. Oertzen*, § 80, Rdn. 19; *Kopp*, § 80, Erl. 8; *Ule*, Verwaltungsgerichtsbarkeit, § 80, I. 2. a); ders., Verwaltungsprozeßrecht, S. 286; *Schunck / de Clerck*, § 80, Anm. 3. a); OVG Mstr., Beschl. v. 29. 11. 1966, OVGE 22, 307 ff. (unter ausdrücklicher Aufgabe der in OVGE 14, 218 ff. vertretenen gegenteiligen Auffassung); OVG Lbg., Beschl. v. 17. 7. 1970, DÖV 1970, 789 f.; bayVGH, Beschl. v. 25. 1. 1971, VGHE n. F. 34, 31 ff. (32). — a. A. *Müller-Heidelberg / Clauss*, § 37, Erl. 5. b).
[35] OVG Mstr., Beschl. v. 29. 11. 1966, OVGE 22, 307 ff.
[36] OVGE 22, 310; ebenso OVG Mstr., Beschl. v. 26. 11. 1966, VRspr. 18, 367 f. (368); bayVGH, Beschl. v. 14. 11. 1960, VGHE n. F. 13, 118 ff. (119). — a. A. wohl *Koehler*, § 80, Erl. B I. 2. a).
[37] OVGE 22, 310.
[38] *Eyermann / Fröhler*, § 80, Rdn. 20; *Traulsen*, S. 132 f.; bayVGH, Beschl. v. 25. 1. 1971, VGHE n. F. 24, 31 f. (32).
[39] Vgl. § 80 Abs. 3 VwGO; s. hierzu *Redeker / v. Oertzen*, § 80, Rdn. 23.
[40] OVG Mstr., OVGE 22, 310 f.

§ 8 Geltendmachung und Durchsetzung des Anspruchs

Aus Sinn und Zweck dieser Bestimmung ergibt sich somit eine Beschränkung des Begriffs der öffentlichen Abgaben und Kosten auf diejenigen Geldleistungen, bei denen aus Gründen der ordnungsgemäßen Haushaltsplanung regelmäßig ein nicht unerhebliches öffentliches Interesse an einer pünktlichen Zahlung vorliegt und folglich die Schwierigkeit besteht, besondere Umstände darzutun, die eine Vollzugsanordnung nach § 80 Abs. 2 Nr. 4 VwGO rechtfertigen könnten[41].

Diese Voraussetzungen sind aber bei den Kosten einer Ersatzvornahme — ebenso wie auch bei anderen nur gelegentlich anfallenden Aufwendungsersatz- und Erstattungsleistungen — nicht gegeben[42]. Zwar mag auch hier in bestimmten Fällen durchaus ein schutzwürdiges öffentliches Interesse an dem sofortigen Eingang des geschuldeten Betrages bestehen; dies ist jedoch unter den oben genannten Gesichtspunkten keinesfalls die Regel. Folglich kann es der Verwaltung durchaus zugemutet werden, entweder die aufschiebende Wirkung von Rechtsbehelfen, die gegen derartige Anforderungen eingelegt werden, zu achten oder besondere Umstände darzutun, die eine Vollzugsanordnung gemäß § 80 Abs. 2 Nr. 4 VwGO zu rechtfertigen vermögen[43].

b) Zur Anwendbarkeit des § 8 nwAG-VwGO und der entsprechenden Bestimmungen

Die Vorschrift des § 80 Abs. 2 Nr. 1 VwGO stellt indes nicht die einzige hier in Betracht zu ziehende Bestimmung dar, wonach die aufschiebende Wirkung von Widerspruch und Anfechtungsklage auch ohne die Anordnung der sofortigen Vollziehung entfällt.

Nach § 183 Abs. 3 VwGO können die Länder bestimmen, daß Rechtsbehelfe keine aufschiebende Wirkung haben, soweit sie sich gegen Maßnahmen richten, die in der Verwaltungsvollstreckung getroffen werden. Von dieser Ermächtigung ist in den Ländern Bayern, Baden-Württemberg, Bremen, Hamburg, Hessen, Nordrhein-Westfalen, Rheinland-Pfalz, Schleswig-Holstein und im Saarland Gebrauch gemacht worden[44].

---

[41] Nach Auffassung des OVG Mstr., OVGE 22, 310, fallen danach unter den Begriff der öffentlichen Kosten nur die in einem förmlichen Verfahren entstandenen Gebühren und Auslagen. Im Ergebnis ebenso: *Eyermann / Fröhler*, § 80, Rdn. 19; *Ule*, Verwaltungsgerichtsbarkeit, § 80, Anm. I. 2. a); *Schunck / de Clerck*, § 80, Anm. 3. a); OVG Lbg., Beschl. v. 17. 7. 1970, DÖV 1970, 789 f. (789).

[42] OVG Mstr., OVGE 22, 310.

[43] OVGE 22, 311; OVG Lbg., Beschl. v. 17. 7. 1970, DÖV 1970, 789 f. (789).

[44] Art. 38 Abs. 3 S. 2 bayVwZVG; § 9 bwAG-VwGO; § 11 breAG-VwGO; § 75 Abs. 1 S. 2 hmbVwVwG; § 12 heAG-VwGO; § 8 nwAG-VwGO; § 16 Abs. 5 rpVwVG; § 18 saAG-VwGO; § 223 Abs. 1 S. 2 shLVwG.

Unter den Maßnahmen in der Verwaltungsvollstreckung i. S. dieser Bestimmungen sind nur diejenigen Maßnahmen zu verstehen, die zur zwangsweisen Durchsetzung eines Verwaltungsakts getroffen werden. Dies sind sowohl die Vollstreckungsakte zur Beitreibung einer Geldforderung als auch die Vollzugsakte zur Durchsetzung eines auf ein Handeln, Dulden oder Unterlassen gerichteten Verwaltungsakts[45].

Als Vollstreckungsmaßnahme im erstbezeichneten Sinne kann die Anforderung der Kosten einer Ersatzvornahme zweifellos nicht betrachtet werden[46]. Denn die Kostenanforderung als Leistungsbescheid ist nicht Bestandteil der zwangsweisen Beitreibung, sondern überhaupt erst die Grundlage für ein derartiges Verfahren[47].

Die Frage, ob es sich hierbei um eine Vollzugsmaßnahme (Maßnahme zur Durchsetzung eines auf ein Handeln, Dulden oder Unterlassen gerichteten Verwaltungsakts) handelt, muß zumindest für den Fall der Kostenanforderung nach Durchführung der Ersatzvornahme ebenfalls verneint werden. Mit der Durchführung der Ersatzvornahme ist der Vollzug des zugrundeliegenden Verwaltungsakts abgeschlossen. Eine Folge dieses Vollzugs ist, daß der Pflichtige die hierbei entstandenen Kosten zu tragen hat. Die Forderung, diese Kosten zu ersetzen, ist also selbst keine Vollzugsmaßnahme, sondern beruht lediglich auf einer solchen Maßnahme[48].

Zu einem anderen Ergebnis könnte man allerdings hinsichtlich der Anforderung der vorläufig veranschlagten Kosten, also der Kostenanforderung vor Ausführung der Handlung, kommen, weil zu diesem Zeitpunkt der Vollzug noch nicht abgeschlossen ist. Eine solche Maßnahme könnte als ein Mittel, den Willen des bis dahin untätig gebliebenen Pflichtigen zu beugen und somit als eine Vollzugsmaßnahme i. S. der genannten Bestimmungen angesehen werden[49].

Eine entsprechende Wirkung auf den Willen des Pflichtigen ist der Veranschlagung und Anforderung des zu erwartenden Kostenbetrages in der Tat wohl kaum abzusprechen, zumal dann, wenn die Kosten der Ersatzvornahme höher als die eigenen Unkosten sind, die im Fall der eigenen Erfüllung der Handlungsverpflichtung entstehen würden[50].

---

[45] § 8 nwAG-VwGO stellt dies durch den Hinweis auf §§ 2, 56 nwVwVG ausdrücklich klar.
[46] *Arndt*, S. 74; *Neumann*, DVBl. 1957, 757; OVG Mstr., Beschl. v. 29. 11. 1966, OVGE 22, 307 ff. (308).
[47] Vgl. auch etwa § 6 Abs. 1 lit. a) nwVwVG.
[48] OVG Mstr., Beschl. v. 29. 11. 1966, OVGE 22, 307 ff. (308).
[49] So wohl OVG Mstr., Beschl. v. 29. 11. 1966, OVGE 22, 307 ff. (312). Es fehlt hier jedoch an einer abschließenden Stellungnahme (der diesem Beschluß zugrundeliegende Sachverhalt betrifft die Kostenanforderung für eine bereits durchgeführte Ersatzvornahme).

Es muß jedoch stark bezweifelt werden, ob hierbei der Zeitpunkt, an dem die Kostenschuld fällig wird, wirklich eine so große Rolle spielt. Entscheidend für die Willensbeeinflussung des Pflichtigen ist vielmehr die Ankündigung, daß ihn im Falle des Untätigbleibens überhaupt eine Kostenbelastung trifft und welchen Umfangs diese Kostenbelastung sein wird. Dagegen wird es für die Willensbeeinflussung regelmäßig von nur untergeordneter Bedeutung sein, ob die nach dem Kostenvoranschlag zu zahlenden Kosten schon vor oder erst nach der Durchführung der Ersatzvornahme zu zahlen sind.

Gegen die Annahme, bei der Kostenanforderung vor Durchführung der Ersatzvornahme handele es sich um ein Mittel, den Willen des Pflichtigen zu beugen, bestehen aber auch erhebliche Bedenken in rechtlicher Hinsicht.

Eine derartige Betrachtungsweise würde die Kostenanforderung zu einem selbständigen Zwangsmittel erheben, was jedoch mit dem in den Verwaltungsvollstreckungsgesetzen verankerten numerus clausus der gesetzlichen Zwangsmittel nicht vereinbar wäre[51].

Zudem verbietet sich eine solche Annahme schon deshalb, weil die Kosten der Ersatzvornahme (auch die vorläufigen) auch dann noch beigetrieben werden dürfen, wenn die Ersatzvornahme bereits durchgeführt worden ist, der Vollzugszweck also erreicht ist. Wäre die Kostenanforderung psychisches Beugemittel, also eine Maßnahme des mittelbaren Zwangs[52], dürfte dies eigentlich nicht mehr geschehen, da der Vollzug nach Erreichung des Vollzugszwecks einzustellen ist[53].

Die Frage, ob es sich bei der Kostenanforderung vor Durchführung der Ersatzvornahme um ein Mittel handelt, den Willen des Pflichtigen zu beugen, kann in diesem Zusammenhang sogar letztlich dahingestellt bleiben, weil Sinn und Zweck der zu prüfenden Bestimmungen allein darauf gerichtet sind, zu verhindern, daß der Pflichtige durch Einlegung von Widerspruch und Anfechtungsklage gegen die im Verwaltungsvollstreckungs- und Verwaltungszwangsverfahren erlassenen Verwaltungsakte die Vollstreckung bzw. Vollziehung praktisch lahmlegt[54]. Die Vollstreckung bzw. der Vollzug des zugrundeliegenden Verwal-

---

[50] Vgl. VV 59.3 zu § 59 nwVwVG: „In der Veranschlagung und Anforderung der vorläufig veranschlagten Kosten der Ersatzvornahme liegt der eigentliche Wert dieses Beugemittels."

[51] s. § 9 Abs. 1 BVwVG und die entsprechenden Vorschriften der Landes-VwVG u. PolG.

[52] Vgl. *Neukamp*, VerwArch. 3 (1895), 43, der die Ersatzvornahme zu den psychologisch wirkenden Zwangsmitteln zählt.

[53] s. § 15 Abs. 3 BVwVG und die entsprechenden Vorschriften der Landes-VwVG u. PolG. So auch *Pünder*, S. 182.

[54] Vgl. hierzu *Traulsen*, S. 132.

III. Die Rechtsmittel gegen die Kostenanforderung

tungsakts würde aber im Falle des Fehlens einer die aufschiebende Wirkung generell versagenden Rechtsnorm nur durch die Anfechtung solcher Verwaltungsakte gehemmt werden, deren Erlaß vom Gesetz zwingend vorgeschrieben ist und auf denen die Vollstreckung bzw. der Vollzug „aufbaut". Dies sind im Verwaltungszwangsverfahren nur die Androhung und gegebenenfalls die Festsetzung des Zwangsmittels, nicht jedoch die Anforderung der vorläufig veranschlagten Kosten.

Anders als bei der Androhung und Festsetzung der Ersatzvornahme würde die durch die Einlegung eines gegen die Kostenanforderung gerichteten Rechtsbehelfs eintretende aufschiebende Wirkung wohl der zwangsweisen Beitreibung des Kostenbetrages, nicht aber dem Vollzug des zugrundeliegenden Verwaltungsakts im Wege stehen. Somit handelt es sich bei der Kostenanforderung auch nicht um eine Vollzugsmaßnahme i. S. d. § 8 nwAG-VwGO und der entsprechenden Bestimmungen[55].

---

[55] Ist in der Androhung der Ersatzvornahme bestimmt, daß der vorläufig veranschlagte Kostenbetrag bereits vor Durchführung der Ersatzvornahme fällig ist, kann mit Widerspruch und Anfechtungsklage nur die Androhung im ganzen und nicht die darin enthaltene Kostenanforderung isoliert angegriffen werden. Gleichwohl kann sich der Ausschluß der aufschiebenden Wirkung eines gegen die Androhung gerichteten Rechtsbehelfs aus den genannten Gründen nur auf die Androhung als Verfahrensvoraussetzung, nicht aber auf die in ihr enthaltene Kostenanforderung beziehen.

Dritter Teil

Die Kostenerstattung bei der rechtswidrigen Ersatzvornahme

§ 9 Einführung in die Problematik

Unter ausschließlicher Zugrundelegung der in den Vorschriften zur Ersatzvornahme zum Ausdruck kommenden Kostenregelung hat ein Kostenausgleich nur dann stattzufinden, wenn sich die Anwendung der Ersatzvornahme als rechtmäßig erweist. Handelt also etwa die örtlich unzuständige Behörde oder fehlt es in der Androhung an dem i. d. R. zwingend vorgeschriebenen Kostenvoranschlag, so fallen danach die Kosten der Ausführung nicht dem Pflichtigen bzw. der Gemeinde, sondern endgültig dem Träger der Vollzugs- bzw. Kommunalaufsichtsbehörde zur Last.

Betrachtet man die Ersatzvornahme ausschließlich als einen Akt belastenden Verwaltungshandelns, so erscheint dieses Ergebnis als durchaus konsequent und billig; der durch eine rechtswidrige Maßnahme Betroffene soll nicht auch noch zu allem Überfluß die Kosten dieser Maßnahme tragen.

Indes darf nicht übersehen werden, daß auch die rechtswidrige Ersatzvornahme — die Rechtmäßigkeit oder zumindest die Unanfechtbarkeit des auf die Vornahme der Handlung gerichteten zugrundeliegenden Verwaltungsakts sei einmal vorausgesetzt — ein Erlöschen der Handlungspflicht bewirkt, hierdurch also ein Erfolg herbeigeführt wird, dessen Herstellung dem Pflichtigen auf dessen Kosten oblag.

So stellt sich die Frage nach der Möglichkeit, Aufwendungsersatz für die (auch) in der rechtswidrigen Ersatzvornahme zu sehende Geschäftsbesorgung nach den Grundsätzen der Geschäftsführung ohne Auftrag (GoA) zu verlangen.

Ebenfalls in Betracht kommt ein Ausgleichsanspruch aus dem Gesichtspunkt der ungerechtfertigten Bereicherung, falls der Pflichtige oder die Gemeinde durch die ersatzweise Vornahme der ihm bzw. ihr obliegenden Handlung einen Vermögensvorteil erlangt hat.

§ 10 Die Begründung eines Kostenerstattungsanspruchs nach den Grundsätzen der GoA

I. Die Behandlung der Frage in Literatur und Rechtsprechung

Erst Mitte der sechziger Jahre fand das Problem der ergänzenden Heranziehung der Regeln der GoA im Falle der rechtswidrig durchgeführten Ersatzvornahme mit dem Aufsatz von *Hurst* „Ersatzvornahme und Geschäftsführung ohne Auftrag im Polizei- und Ordnungsrecht"[1] und im folgenden mit den Beiträgen von *Baur*[2], *Rietdorf*[3], *Klein*[4] und *Maurer*[5] größere Beachtung.

Die höchstrichterliche Rechtsprechung hatte zwar zuvor bereits zu dem Problem der Anwendung der Grundsätze der GoA im Falle der polizeirechtlichen Ersatzvornahme in zwei Entscheidungen Stellung genommen[6]. Hier ging es jedoch um die Frage des Bestehens eines Aufwendungsersatzanspruchs neben dem öffentlich-rechtlichen Kostenerstattungsanspruch als Folge einer rechtmäßigen Ersatzvornahme, die dahingehend entschieden wurde, daß sich in dem Verwaltungszwangsverfahren nicht etwa nur ein zulässiger Weg zur Einziehung der durch die Ersatzvornahme entstandenen Kosten böte; er bilde vielmehr den allein zulässigen Weg zu diesem Zwecke[7].

In einem scheinbaren Widerspruch hierzu steht die These von *Baur*[8], daß, wenn die Polizei im Falle der Grundwassergefährdung infolge eines Ölunfalls eingreift, der Kostenersatz für die getroffenen Maßnahmen (Beauftragung eines Unternehmers mit dem Abräumen ölverseuchten Erdreichs) sich nicht nach Polizeirecht, sondern ausschließlich nach den Grundsätzen der GoA richte[9]. Baur verneint in diesen Fällen bereits das Vorliegen einer Ersatzvornahme; die Tätigkeit der Polizei sei vielmehr als Geschäftsführung für alle, die es angeht, anzusehen[10].

---

[1] In: DVBl. 1965, 757 ff.
[2] *Baur*, Ersatzvornahme und Geschäftsführung ohne Auftrag, DVBl. 1965, S. 883 ff.
[3] *Rietdorf*, Grenzen der Geschäftsführung ohne Auftrag im Ordnungsrecht, DÖV 1966, 253 ff.
[4] *Klein*, Auftrag und Geschäftsführung ohne Auftrag im öffentlichen Recht, DVBl. 1968, 166 ff.
[5] *Maurer*, Polizei und Geschäftsführung ohne Auftrag, JuS 1970, 561 ff.
[6] RG, U. v. 28. 2. 1899, RGZ 43, 293 ff.; BVerwG, U. v. 9. 5. 1960, BVerwGE 10, 282 ff.
[7] RGZ 43, 294; BVerwGE 10, 290; ebenso BGH, U. v. 27. 4. 1970, BGHZ 54, 21 ff., unter Berufung auf die beiden vorgenannten Entscheidungen.
[8] *Baur*, Der Ersatz der Aufwendungen im präventiven Gewässerschutz, JZ 1964, 354 ff.
[9] *Baur*, JZ 1964, 357 f. Anlaß für diesen Beitrag war die Entscheidung des OVG Mstr. v. 3. 10. 1963, OVGE 19, 101 ff.

§ 10 Kostenerstattung nach den Grundsätzen der GoA

Auch nach Baur ist jedoch das Recht der GoA des BGB grundsätzlich nicht anwendbar, soweit die öffentlich-rechtliche Ersatzvornahme, die Baur als „Spezialtyp der GoA" bezeichnet, eine erschöpfende gesetzliche Regelung gefunden hat[11].

Anders als Baur betrachtet *Hurst*[12] das Konkurrenzproblem GoA — Ersatzvornahme vor allem in Hinblick auf die im Rahmen dieser Untersuchung zu behandelnde Frage der Kostenerstattung im Falle der rechtswidrigen Ersatzvornahme. Hurst vertritt — wie auch später *Klein*[13] — die Auffassung, daß ein Rückgriff auf die GoA jedenfalls dann unzulässig sei, wenn die zuständige Behörde unter Mißachtung von zwingend vorgeschriebenen Verfahrensvorschriften[14] die Ersatzvornahme durchführt[15]. Das Verwaltungsvollstreckungs- und Polizeirecht enthalte insoweit eine Spezialregelung, die durch die Anwendung der GoA unzulässigerweise umgangen werde[16].

Eine Ausnahme soll nach *Hurst* und *Klein* nur gelten, wenn die unzuständige Behörde im Wege des sofortigen Vollzugs tätig geworden ist, um eine drohende Gefahr abzuwenden[17]. Es sei unbillig und stelle ein mit der Praxis nicht zu vereinbarendes Ergebnis dar, die in einem besonderen Gefahrenfall handelnde Behörde auf den Kosten sitzen und den Pflichtigen ungeschoren zu lassen[18].

Gegen die Ansicht von Hurst und Klein wendet sich *Rietdorf*[19], der die Anwendung der Regeln der GoA im Falle der fehlerhaft durchgeführten Ersatzvornahme generell ablehnt. Nach Rietdorf steht der Annahme einer GoA bereits das mangelnde Gleichordnungsverhältnis zwischen der Polizei- bzw. Vollzugsbehörde einerseits und dem gewaltunterworfenen Bürger andererseits entgegen[20]. Zudem scheitere die Anwendbarkeit der Regeln der GoA daran, daß gesetzlich etwas anderes bestimmt sei[21]. Rietdorf stimmt Hurst zwar insoweit zu, als „daß ein Weg gefunden werden sollte, die Nachbarschaftshilfe einer Ord-

---

[10] *Baur*, JZ 1964, 357.
[11] *Baur*, DVBl. 1965, 895.
[12] DVBl. 1965, 757 ff.
[13] *Klein*, DVBl. 1968, 166 ff.
[14] In dem von *Hurst* angeführten Beispielsfall hatte die Ordnungsbehörde es unterlassen, die vorläufig veranschlagten Kosten mitzuteilen.
[15] *Hurst*, DVBl. 1965, 760; *Klein*, DVBl. 1968, 167.
[16] *Hurst*, DVBl. 1965, 760; *Klein*, DVBl. 1968, 167.
[17] *Hurst* entwickelte diese Auffassung anhand des von *Baur* in JZ 1964, 354 ff. diskutierten Tankwagenfalls (OVG Mstr., U. v. 3. 10. 1963, OVGE 19, 101 ff.), jedoch in der Abwandlung, daß die Nachbargemeinde als örtlich unzuständige Ordnungsbehörde tätig geworden war.
[18] *Hurst*, DVBl. 1965, 760; *Klein*, DVBl. 1968, 167.
[19] DÖV 1966, 253 ff.
[20] *Rietdorf*, DÖV 1966, 254.
[21] *Rietdorf*, ebd.

nungsbehörde im Falle der Ölgefahr zu honorieren". Dies könne aber nicht auf dem zweifelhaften Weg der entsprechenden Anwendung der Vorschriften über die GoA erfolgen, sondern nur über eine Entscheidung des Gesetzgebers, der gleichzeitig Voraussetzungen und Grenzen einer solchen Nachbarschaftshilfe festlegt[22].

Auch *Maurer*[23] lehnt es ohne jede Einschränkung ab, eine polizeirechtlich rechtswidrige Ersatzvornahme in eine rechtmäßige Geschäftsbesorgung nach den Vorschriften der GoA umzudeuten. Ein Rückgriff auf die GoA führe zu einer glatten Umgehung der dem Schutze des Bürgers dienenden zwingenden polizeirechtlichen Vorschriften. Es bestehe die Gefahr, daß die Polizei sich dann auf die GoA und den Ersatzanspruch aus GoA beruft, wenn sie polizeirechtlich nicht mehr weiterkomme[24]. Zudem passe die bürgerlich-rechtlich entwickelte GoA ihrem Wesen nach überhaupt nicht für das Verhältnis Polizei — Bürger[25].

Die von *Rietdorf* und *Maurer* vertretene Ansicht, wonach der Träger der im Wege der Ersatzvornahme tätig gewordene Polizei- oder Ordnungsbehörde Kostenersatz in keinem Falle — also auch nicht in den von *Hurst* und *Klein* ausgenommenen Fällen — nach den Regeln der GoA verlangen kann, ist auch im übrigen Schrifttum sowie in der Rechtsprechung als herrschend anzusehen[26].

Lediglich eine Mindermeinung bejaht — allerdings ohne Begründung — die Möglichkeit, Kosten einer fehlerhaft durchgeführten Ersatzvornahme als zu ersetzende Aufwendungen einer bürgerlich-rechtlichen GoA im ordentlichen Rechtswege einzuklagen[27].

II. Die öffentlich-rechtliche GoA als Grundlage eines Kostenerstattungsanspruchs

Als Grundlage für einen Aufwendungsersatzanspruch kommt in erster Linie eine öffentlich-rechtliche GoA in Betracht, da die Behörde mit der

---

[22] *Rietdorf*, DÖV 1966, 255. Die Ausführungen *Rietdorfs* sind auf dem Hintergrund der zu jener Zeit unmittelbar bevorstehenden Neufassung des § 6 nwOBG zu sehen, wonach in besonderen Fällen eine außerordentliche Zuständigkeit der an sich örtlich unzuständigen Ordnungsbehörde gegeben ist.
[23] JuS 1970, 561 ff.
[24] *Maurer*, JuS 1970, 565.
[25] *Maurer*, ebd.
[26] *Wolff / Bachof*, Verwaltungsrecht I, § 44 I. b) 5., S. 340; *Wolff*, Verwaltungsrecht III, § 160 I. c) 1., S. 325 und § 160 II. d) 1., S. 328; *Erichsen / Martens*, S. 223; *Schleberger*, S. 97 f.; *Götz*, S. 176 f.; *Steckert*, DVBl. 1971, 246; *Hoepffner*, S. 152 ff.; bayObLG, U. v. 29. 7. 1968, BayVBl. 1969, 70 ff.; bwVGH, U. v. 23. 10. 1972, ESVGH 23, 34 ff.
[27] *Müller-Heidelberg / Clauss*, § 37, Anm. 3.; *Ule / Rasch*, § 55 (prPVG), Rdn. 36, S. 211; so auch wohl OVG Lbg., Beschl. v. 17. 7. 1970, DÖV 1970, 789 f. (790).

Durchführung der Ersatzvornahme hoheitlich tätig wird und hiermit eine öffentlich-rechtliche Verpflichtung des einzelnen bzw. der Gemeinde wahrnimmt.

1. Die GoA im öffentlichen Recht

Der in den §§ 677 ff. BGB zum Ausdruck gekommene Rechtsgedanke findet auch im öffentlichen Recht grundsätzlich Anwendung[28]. Die Anerkennung der GoA als einer Einrichtung des öffentlichen Rechts, auf die §§ 677 ff. BGB entsprechende Anwendung finden, bezeichnet auch das BVerfG als „nicht ernsthaft mehr bestritten"[29].

Unterschiedliche Auffassungen bestehen allerdings hinsichtlich des Anwendungsbereichs der öffentlich-rechtlichen GoA. Während die Möglichkeit einer öffentlich-rechtlichen GoA seitens eines Trägers öffentlicher Verwaltung für einen anderen Träger öffentlicher Verwaltung allgemein anerkannt wird[30], ist streitig, ob die Verwaltung auch für einen Privaten in öffentlich-rechtlicher GoA handeln kann[31].

Diese Frage ist jedoch — ausgehend von der herrschenden Theorie zur Abgrenzung von öffentlich-rechtlicher und privatrechtlicher GoA, wonach für die Zuordnung der GoA zum öffentlichen Recht oder zum Privatrecht die Rechtsnatur der auftraglos wahrgenommenen Verpflichtung maßgebend ist[32] — im Grunde genommen gar nicht von der Frage zu trennen, ob und inwieweit die öffentlich-rechtliche GoA bei Maßnahmen des Verwaltungs- und Polizeizwangs Anwendung finden kann. Nimmt nämlich die Behörde die öffentlich-rechtliche Verpflichtung eines Bürgers mit befreiender Wirkung für diesen wahr, so handelt es sich — sieht man einmal von der Wahrnehmung einer Geldleistungsverpflichtung ab — begrifflich stets um Ersatzvornahme oder um unmittelbaren Zwang in der Form der Selbstvornahme. Bedenken gegen die Annahme einer öffentlich-rechtlichen GoA mit der Folge eines Aufwendungsersatzanspruchs im Verhältnis Verwaltung — Bürger ergeben sich allein hinsichtlich der gesetzlichen Regelung des Verwaltungs- und Polizeizwangs[33]. Inwieweit diese Regelung einem Aufwendungs-

---

[28] *Soergel / Mühl*, vor § 677, Rdn. 4; *Wolff / Bachof*, Verwaltungsrecht I, § 44 I. b) 5., S. 340; *Hoepffner*, S. 84 f. Zur Anwendbarkeit privatrechtlicher Normen im öffentlichen Recht s. *Meier-Branecke*, AöR n. F. 11 (1926), 230 ff.; *Fleiner*, Über die Umbildung zivilrechtlicher Institute durch das öffentliche Recht (1906).

[29] BVerfG, Beschl. v. 31. 3. 1965, BVerfGE 18, 429 ff. (436).

[30] Statt aller: *Wolff / Bachof*, Verwaltungsrecht I, § 44 I. b) 5., S. 340.

[31] Zustimmend: *Wolff / Bachof*, Verwaltungsrecht I, § 44 I. b) 5., S. 340; *Hurst*, DVBl. 1965, 759; *Klein*, DVBl. 1968, 166 f.; *v. Turegg / Kraus*, S. 118. — Ablehnend: *Rietdorf*, DÖV 1966, 253; *Steckert*, DVBl. 1971, 246; *Hoepffner*, S. 152.

[32] *Wolff / Bachof*, Verwaltungsrecht I, § 44 I. b) 5., S. 340; *Hoepffner*, S. 113; *Baur*, DVBl. 1965, 896. — a. A. *Hamann*, NJW 1955, 482.

ersatzanspruch aus öffentlich-rechtlicher GoA im Falle der verwaltungsrechtlichen Ersatzvornahme entgegensteht, soll Gegenstand der nachfolgenden Untersuchung sein.

2. Zur Frage der Anwendbarkeit der öffentlich-rechtlichen GoA neben den gesetzlichen Vorschriften zur Ersatzvornahme

Es ist unbestritten, daß die öffentlich-rechtliche GoA nur dort Anwendung finden kann, wo eine gesetzliche Regelung fehlt oder diese doch zumindest der Ergänzung bedarf[34]. Dabei kommt es nicht darauf an, ob man die Vorschriften der §§ 677 ff. BGB im öffentlichen Recht analog anwendet[35] oder die Regelung der GoA im BGB als Ausdruck eines allgemeinen Rechtsgedankens ansieht, der auch im öffentlichen Recht seine Gültigkeit hat[36]. Denn das Vorliegen einer Gesetzeslücke ist nicht nur Voraussetzung für eine Analogie; auch die im Wege der Induktion gefundenen Rechtsgrundsätze gelten anderen Rechtsgrundsätzen gegenüber nur subsidiär[37]. Liegt eine besondere Regelung vor, so geht sie stets der in dem allgemeinen Grundsatz enthaltenen Regelung vor[38].

Ein Aufwendungsersatz aus öffentlich-rechtlicher GoA kommt also nicht in Betracht, wenn die Frage der Kostentragung bei der Ersatzvornahme eine abschließende gesetzliche Regelung gefunden hat. Dies gilt es im folgenden zu untersuchen.

Die gesetzlichen Vorschriften zur Ersatzvornahme enthalten insoweit eine Regelung der Kostentragung, als sie bei Vorliegen bestimmter Voraussetzungen dem Träger der Vollzugs- bzw. Kommunalaufsichtsbehörde einen Anspruch auf Erstattung der durch die Ersatzvornahme entstandenen Kosten gewähren. Die Heranziehung der öffentlich-rechtlichen GoA muß also bei rechtmäßig durchgeführter Ersatzvornahme ausscheiden, da sich in diesem Falle ja bereits aus den spezialgesetzlichen Vorschriften ein Anspruch auf Aufwendungsersatz ergibt[39].

---

[33] Insofern ist der Argumentation *Rietdorfs* (DÖV 1966, 254) nicht ganz zu folgen, der eine öffentlich-rechtliche GoA im Falle der rechtswidrigen Ersatzvornahme mit der Begründung ablehnt, *einerseits* stehe dem das mangelnde Gleichordnungsverhältnis entgegen, *zum anderen* die Tatsache, daß gesetzlich etwas anderes bestimmt sei.
[34] Statt aller: *Erichsen / Martens*, S. 223.
[35] *Rietdorf*, DÖV 1966, 255; *Klein*, DVBl. 1968, 170; *Weimar*, RiA 1964, 19; OVG Lbg., U. v. 25. 1. 1961, VRspr. 15, 799 ff. (800); weitere Hinweise bei *Hoepffner*, S. 74.
[36] *Hurst*, DVBl. 1965, 759; *Soergel /Mühl*, vor § 677, Rdn. 4; *Hoepffner*, S. 78 f.
[37] *Wolff / Bachof*, Verwaltungsrecht I, § 25 I. c), S. 123; *Steckert*, DVBl. 1971, 246; BVerwG, U. v. 21. 1. 1955, BVerwGE 2, 22 ff. (23).
[38] OVG Mstr., U. v. 23. 2. 1966, OVGE 22, 115 ff. (121).

Problematisch ist nur der Fall der rechtswidrigen Ersatzvornahme, da es hier an einer ausdrücklichen Regelung der Kostentragung fehlt[40]. Auch die Normierung eines Kostenerstattungsanspruchs allein läßt noch nicht den zwingenden Schluß zu, daß bei Nichtvorliegen *dieses* Anspruchs (infolge der Rechtswidrigkeit der Ersatzvornahme) auch jeder andere Weg verschlossen sein soll, um zu einem Kostenausgleich zu kommen.

Die Gewährung eines Kostenerstattungsanspruchs aus GoA würde jedoch bedeuten, daß es hinsichtlich der sich für den Bürger bzw. die Gemeinde aus der Durchführung der Ersatzvornahme ergebenden Folgen, nämlich der Zahlung der entstandenen Kosten, gar nicht mehr auf die Einhaltung des gesetzlich vorgeschriebenen Verfahrens durch die handelnde Behörde ankäme.

Dieses Ergebnis muß insbesondere dort als bedenklich angesehen werden, wo sich die Fehlerhaftigkeit der Ersatzvornahme aus einer Verletzung von besonderen Schutzvorschriften ergibt, wie etwa dem Erfordernis einer ordnungsgemäßen Androhung[41].

Die Androhung eines bestimmten Zwangs- oder Aufsichtsmittels verfolgt den Zweck, dem Pflichtigen bzw. der Gemeinde die Folgen des Untätigbleibens vor Augen zu führen. Der Betroffene soll Klarheit

---

[39] Dabei ist in diesem Fall nicht einmal die Subsidiarität der öffentlich-rechtlichen GoA zu bemühen; denn die GoA hat ja zur negativen Voraussetzung, daß der Geschäftsführer dem Geschäftsherrn gegenüber zur Geschäftsführung nicht berechtigt ist. Ist aber die Behörde zur Anwendung der Ersatzvornahme im Einzelfall ermächtigt, so ist ihr hiermit kraft Verwaltungsrechts eine Berechtigung zur Geschäftsführung erteilt. Diese Berechtigung besteht auch — anders als etwa die (eine Berechtigung einschließende) Verpflichtung, bei Unglücksfällen oder gemeiner Gefahr oder Not Hilfe zu leisten (vgl. hierzu *Erman / Hauß*, vor § 677, Rdn. 6) — speziell gegenüber dem Geschäftsherrn, also dem Pflichtigen bzw. der Gemeinde. Ein Fall auftragloser Geschäftsführung liegt also schon begrifflich nicht vor. So auch *Hurst*, DVBl. 1965, 757; *Hoepffner*, S. 35; *Tiedau*, DÖV 1952, 167; *Klein*, DVBl. 1968, 167. — a. A. *Baur*, DVBl. 1965, 894. Aus diesem Grunde kann auch der den Kostenvoranschlag erheblich übersteigende Kostenbetrag der endgültigen Kosten der Ersatzvornahme (s. dazu oben § 7 II. 1.) nicht über GoA verlangt werden (unrichtig also OVG Lbg., Beschl. v. 17. 7. 1970, DÖV 1970, 789 f. [790]).

[40] Eine Ausnahme stellt hier in gewisser Hinsicht eine Bestimmung in der rpKostO dar (§ 9): „Der Vollstreckungsschuldner hat jedoch die Kosten nicht zu tragen, wenn und soweit sich die Vollstreckung oder einzelne Vollstreckungsmaßnahmen als unzulässig erweisen." Wenngleich sich diese Vorschrift auch nur auf die Kosten i. S. der KostO bezieht, so muß darin doch eine abschließende Regelung dergestalt gesehen werden, daß im Falle einer unzulässigen Vollstreckung (hier also der rechtswidrigen Ersatzvornahme) der Behörde jeder Aufwendungsersatz verwehrt sein soll. Denn die sich unter Anwendung der Regeln der GoA ergebenden erstattungspflichtigen Aufwendungen wären dem Gegenstand nach nichts anderes und dem Umfang nach sicherlich nicht geringer als die nach § 8 Abs. 2 rpKostO zu erhebenden Kosten der Ersatzvornahme, also die an den beauftragten Dritten zu zahlenden Beträge.

[41] s. o. § 3 I. 4. a) u. § 4 II. 2.

darüber haben, was ihm droht[42]. Ist Ersatzvornahme angedroht worden, so ist dem Pflichtigen bzw. der Gemeinde damit die Möglichkeit gegeben, innerhalb der für die Erfüllung der Verpflichtung gesetzten Frist zwischen zwei klaren Alternativen zu wählen, nämlich Vornahme der aufgegebenen Handlung oder Zahlung der entstehenden Kosten. Nach Sinn und Zweck dieser Bestimmungen soll also den Pflichtigen bzw. die Gemeinde nur dann eine Kostenzahlungspflicht treffen, wenn er bzw. sie sich auch für diese Folge entschieden hat. Hier muß somit eine abschließende Regelung der Kostentragung mit Ausschluß der öffentlich-rechtlichen GoA angenommen werden[43].

Ein Rückgriff auf die öffentlich-rechtliche GoA mit der Folge eines Aufwendungsersatzanspruchs verbietet sich ebenfalls bei Unstatthaftigkeit der Ersatzvornahme oder bei Fehlen der allgemeinen Vollzugsvoraussetzungen[44], da auch hier den Pflichtigen bzw. die Gemeinde nach Sinn und Zweck des Gesetzes keine Kostenerstattungspflicht treffen soll.

Diese Ergebnisse sind nicht ohne weiteres auf den viel diskutierten und umstrittenen Fall der Fehlerhaftigkeit der Ersatzvornahme infolge örtlicher Unzuständigkeit der im Wege des sofortigen Zwangs handelnden Behörde zu übertragen. Zur Verdeutlichung der Problematik möge der in diesem Zusammenhang häufig zitierte „Tankwagenfall" von *Hurst* dienen[45]:

> Ein Lastkraftwagen mit gefülltem Öltank kippte auf der Fahrbahn im Einzugsgebiet eines Wasserwerkes um mit der Folge, daß das Öl auslief, in den Untergrund eindrang und das Grundwasser zu verseuchen drohte. Die Gemeinde X als örtliche Ordnungsbehörde beseitigte daraufhin im Wege des sofortigen Zwangs durch Ersatzvornahme die Gefahr und nimmt den Störer für die erheblichen Kosten der Ersatzvornahme in Anspruch. Der Störer wendet ein, nicht die eingreifende Gemeinde, vielmehr die Nachbargemeinde Y sei als örtliche Ordnungsbehörde zuständig gewesen. Die Gemeinde X hält diesen Einwand für unerheblich, da der Störer jedenfalls aus dem Gesichtspunkt der GoA die Kosten zu erstatten habe.

Für die Ansicht von Hurst, auf diese Fälle könne sich die Spezialregelung mit Ausschluß der GoA nicht beziehen[46], spricht immerhin, daß es sich bei den Vorschriften die örtliche Zuständigkeit betreffend — anders als bei den oben erwähnten Verfahrensvorschriften — nicht um besondere, ausschließlich zum Schutze des Betroffenen erlassene Bestimmungen handelt. Der Sinn der organisatorischen Zuständigkeitsverteilung liegt vielmehr darin, eindeutige Verantwortlichkeiten zu

---
[42] *Schnapp*, S. 71.
[43] *Hurst*, DVBl. 1965, 760; *Klein*, DVBl. 1968, 167; *Hoepffner*, S. 152 ff.
[44] s. dazu oben § 4.
[45] *Hurst*, DVBl. 1965, 757.
[46] *Hurst*, DVBl. 1965, 760.

begründen und zu verhindern, daß ein Verwaltungssubjekt in den Aufgabenbereich eines anderen eingreift[47].

Für die Pflichtigen bedeutet eine Verletzung der die örtliche Zuständigkeit regelnden Vorschriften in der Regel keine Verschlechterung seiner Rechtsposition, zumindest dann nicht, wenn — wie in dem angeführten Beispiel — auch die zuständige Behörde aller Wahrscheinlichkeit nach die selben Maßnahmen getroffen hätte und auch hätte treffen dürfen.

Das Eingreifen der örtlich unzuständigen Behörde kann sogar durchaus im Interesse des Betroffenen liegen, etwa wenn hierdurch eine Vergrößerung des Schadens (weiteres Einsickern des Öls in das Erdreich), dessen Beseitigung ja Sache des Störers ist, verhindert wird. So erscheint es in der Tat als unbillig, die in diesem besonderen Gefahrenfall tätig gewordene unzuständige Behörde auf den Kosten sitzen und den Pflichtigen ungeschoren zu lassen[48].

Die hierin liegende Problematik ist jedoch vom Gesetzgeber durchaus bedacht worden. Fast alle Polizei- und Ordnungsgesetze enthalten entsprechende Bestimmungen, wonach die Polizei- oder Ordnungsbehörde auch in benachbarten Bezirken die notwendigen unaufschiebbaren Maßnahmen treffen kann, soweit ein Eingreifen der dort örtlich zuständigen Behörden nicht ohne eine Verzögerung zu erreichen ist, durch die der Erfolg der Maßnahme beeinträchtigt wird[49]. Voraussetzung dieser außerordentlichen Zuständigkeit für ein Tätigwerden im Nachbarbezirk ist aber in aller Regel, daß die tätig werdende Ordnungsbehörde — für die Vollzugspolizei gilt dies im allgemeinen nicht[50] — auch selbst zuständig ist[51].

Bezogen auf den Beispielsfall bedeutet das: Wirkt sich die Ölgefahr auch auf den Bezirk aus, für den die eingreifende Ordnungsbehörde örtlich zuständig ist, so ist ihr aufgrund dieser außerordentlichen Zuständigkeit auch eine Handlungsermächtigung für Maßnahmen im Nachbarbezirk gegeben. Die Kosten können also als Kosten einer rechtmäßigen Ersatzvornahme vom Störer verlangt werden. Liegen diese Voraussetzungen jedoch nicht vor, so kann eine Entscheidung des Gesetzgebers dahingehend angenommen werden, daß die Kosten dieser Maßnahme dem Träger der unzuständigen Behörde endgültig zur Last fallen sollen. Denn es stand dem Gesetzgeber ja völlig frei, dieses Er-

---

[47] *Wolff*, Verwaltungsrecht II, § 72 IV. a) 1., S. 22.

[48] *Hurst*, DVBl. 1965, 760; *Klein*, DVBl. 1968, 167.

[49] § 54 Abs. 2 bwPolG; Art. 11 Abs. 1 Nr. 1, 20 Abs. 1 Nr. 1, 26 Abs. 2 Nr. 1 bayPOG; § 64 brePolG; § 76 Abs. 2 heSOG; § 14 Abs. 1 ndsSOG; § 12 Abs. 3 nwPolG; § 6 Abs. 2 nwOBG; § 77 Abs. 2 rpPVG; § 67 shLVwG.

[50] s. etwa § 76 Abs. 2 heSOG.

[51] *Rietdorf*, nwOBG, § 6, Rdn. 10; *Müller-Heidelberg / Claus*, § 14, Erl. 2 a).

gebnis durch eine noch weitergehende Regelung der Nachbarhilfe zu vermeiden. Insoweit ist *Rietdorf* Recht zu geben, der Anwendung der Anwendung der Regeln der GoA stehe auch in diesen Fällen entgegen, daß gesetzlich etwas anderes bestimmt sei[52].

3. Ergebnis

Zusammenfassend ist also festzustellen, daß die öffentlich-rechtliche GoA im Falle der verwaltungsrechtlichen Ersatzvornahme keine Anwendung finden kann, da der vorliegende Problemkreis insoweit eine abschließende gesetzliche Regelung gefunden hat[53].

III. Die privatrechtliche GoA als Grundlage eines Kostenerstattungsanspruchs

Als Rechtsgrundlage für einen Aufwendungsersatzanspruch infolge rechtswidrig durchgeführter Ersatzvornahme könnte in bestimmten Fällen auch eine privatrechtliche GoA gemäß §§ 677, 683, 670 BGB in Betracht kommen, nämlich dort, wo mit der Ersatzvornahme auch eine privatrechtliche Verpflichtung des Pflichtigen, etwa aus § 1004 BGB oder aus § 22 WHG (Tankwagenfall), wahrgenommen wurde[54]. Daß hierbei die Behörde als Geschäftsführer hoheitlich und vorwiegend in Erfüllung einer (eigenen) öffentlich-rechtlichen Pflicht (Durchführung der Ersatzvornahme) tätig wird, steht einem zivilrechtlichen Anspruch aus GoA nach h. M. nicht entgegen[55].

Die unmittelbare Anwendung der §§ 677 ff. BGB mit der Folge eines Aufwendungsanspruchs begegnet jedoch den gleichen grundsätzlichen Bedenken wie die Anwendung der öffentlich-rechtlichen GoA. So wird im Schrifttum auch weitgehend die privatrechtliche GoA gleichermaßen

---

[52] *Rietdorf*, DÖV 1966, 254.
[53] So auch *Wolff / Bachof*, Verwaltungsrecht I, § 44 I. b) 5., S. 340; *Steckert*, DVBl. 1971, 244; *Götz*, S. 176 f.
[54] Eine privatrechtliche GoA kommt also nur bei der Ersatzvornahme als Mittel des Verwaltungszwangs in Betracht. Denn die Durchsetzung der aufsichtsrechtlichen Anordnung im Wege der Ersatzvornahme stellt ausschließlich die Wahrnehmung einer öffentlich-rechtlichen Verpflichtung dar.
[55] BGH, U. v. 20. 6. 1963, BGHZ 40, 28 ff. (30); *Baur*, DVBl. 1965, 896; *Hoepffner*, S. 113. Nach *Klein*, DVBl. 1968, 169, kann gleichzeitig eine privatrechtliche und eine öffentlich-rechtliche GoA vorliegen, wenn feststeht. daß die Behörde sämtliche Verpflichtungen als gleichrangig betrachtet und ihnen allen gleichrangig nachkommen wollte, oder wenn sich nicht feststellen läßt, welcher Verpflichtung der Geschäftsführer den Vorrang gegeben hat. — a. A. ist *Hamann*, NJW 1955, 482, der bei der Unterscheidung zwischen öffentlich-rechtlicher und privatrechtlicher GoA auf die Art des Handelns des Geschäftsführers abstellt: Bei hoheitlichem Tätigwerden, insbesondere bei Erlaß eines Verwaltungsakts, liegt immer eine öffentlich-rechtliche GoA vor.

wie die öffentlich-rechtliche GoA im Falle der verwaltungsrechtlichen Ersatzvornahme für unanwendbar gehalten[56].

Steckert, der im Ergebnis ebenfalls dieser Auffassung ist, hält es allerdings für zweifelhaft, ob landesrechtliche öffentlich-rechtliche Kostenregelungen überhaupt die bundesrechtlichen privatrechtlichen Vorschriften der §§ 677 ff. BGB modifizieren können[57].

In der Tat ist die privatrechtliche GoA hinsichtlich ihre Konkurrenzverhältnisses zur verwaltungsrechtlichen Ersatzvornahme nicht ohne weiteres mit der öffentlich-rechtlichen GoA gleichzusetzen, denn hier handelt es sich schließlich um geschriebenes Recht. *Steckert* mag bei seiner Fragestellung jedoch übersehen haben, daß polizeiliches Handeln nicht dadurch seinen polizeilichen Charakter verliert, daß es zugleich den Tatbestand einer zivilrechtlichen Anspruchsnorm erfüllt. Die Fragen nach Zulässigkeit und Folgen polizeilichen Handelns beurteilen sich aber in erster Linie nach Polizeirecht. Daneben kann das Zivilrecht nur insoweit Anwendung finden, als es zum Polizeirecht als Spezialrecht nicht in Widerspruch steht. Die Frage müßte also eher umgekehrt lauten: Können die privatrechtlichen Vorschriften der §§ 677 ff. BGB die öffentlich-rechtlichen Kostenregelungen modifizieren? Dies muß aus den oben genannten Gründen verneint werden.

§ 11 Die Begründung eines Kostenerstattungsanspruchs nach den Grundsätzen der ungerechtfertigten Bereicherung

I. Die Behandlung der Frage in Literatur und Rechtsprechung

Es fällt auf, daß das Problem der Kostenerstattung im Falle der rechtswidrigen Ersatzvornahme in Literatur und Rechtsprechung weitgehend nur in Hinblick auf die ergänzende Heranziehung der Regeln der GoA gesehen wird, während die ebenfalls in Betracht zu ziehende Möglichkeit eines Rückgriffs auf die Grundsätze der ungerechtfertigten Bereicherung bislang so gut wie gar keine Beachtung gefunden hat.

Eine Stellungnahme zu dieser Frage findet sich in der bereits zitierten Entscheidung des bwVGH[1], wonach die Kosten einer fehlerhaft

---
[56] *Maurer*, JuS 1970, 565; grds. auch *Baur*, DVBl. 1965, 894. — a. A. *Müller-Heidelberg / Clauss*, § 37, Erl. 3.; *Ule / Rasch*, § 55 (prPVG), Rdn. 36, S. 211.
[57] *Steckert*, DVBl. 1971, 246, hält eine dogmatisch befriedigende Lösung für schwierig.
[1] bwVGH, U. v. 23. 10. 1972, ESVGH 23, 34 ff. (36).

durchgeführten Ersatzvornahme „auch nicht ... über die ungerechtfertigte Bereicherung verlangt werden (können)".

Dieser Auffassung scheint auch *Wolff* zu folgen, der unter Berufung auf die Entscheidung des bwVGH eine Subsidiarität des öffentlich-rechtlichen Erstattungsanspruchs gegenüber besonderen gesetzlichen Gebührenregelungen mit der Folge annimmt, daß er diese nicht ersetzen könne[2].

Nach *Maurer*, der einen Aufwendungsersatzanspruch aus GoA generell ablehnt, kann dagegen „gegebenenfalls ein öffentlich-rechtlicher Erstattungsanspruch bzw. ein Anspruch aus ungerechtfertigter Bereicherung in Betracht kommen"[3].

II. Der öffentlich-rechtliche Erstattungsanspruch als Folge einer rechtswidrigen Ersatzvornahme

Die unmittelbare Anwendung der §§ 812 ff. BGB scheidet in den zur Erörterung anstehenden Fällen der rechtswidrigen Ersatzvornahme von vornherein aus. Denn „der Anspruch auf Rückgewähr einer causa-losen Zuwendung ist i. S. der §§ 812 ff. BGB nur dann tatbestandsmäßig, wenn die vermeintliche causa ein privates, nicht aber ein öffentliches Rechtsverhältnis ist"[4]. Die durch eine verwaltungsrechtliche Ersatzvornahme bewirkte Vermögensverschiebung erfolgt aber im Rahmen öffentlich-rechtlicher Rechtsbeziehungen, so daß die vermögensrechtliche Rückabwicklung nicht unmittelbar nach den §§ 812 ff. BGB, sondern allenfalls über den öffentlich-rechtlichen Erstattungsanspruch erfolgen kann.

1. Der öffentlich-rechtliche Erstattungsanspruch

Der öffentlich-rechtliche Erstattungsanspruch[5] ist nach herrschender Lehre und Rechtsprechung als ein eigenständiges, nicht auf einer Analogie zu den §§ 812 ff. BGB beruhendes Rechtsinstitut anzusehen, das auf dem Gebiete des öffentlichen Rechts die Aufgaben erfüllt, welche im Zivilrecht den §§ 812 ff. BGB unterfallen[6]. Der Erstattungs-

---
[2] *Wolff / Bachof*, Verwaltungsrecht I, § 44 I. b) 6., S. 341.
[3] *Maurer*, JuS 1970, 565, Fußn. 27.
[4] *Lassar*, S. 101.
[5] Grundlegend: *Lassar*, Der Erstattungsanspruch im Verwaltungs- und Finanzrecht, 1921; *Skaupy*, Die ungerechtfertigte Bereicherung im öffentlichen Recht, 1934.
[6] *Wolff / Bachof*, Verwaltungsrecht I, § 44 I. b) 6., S. 340; *Forsthoff*, S. 175; *Wallerath*, DÖV 1972, 222; BVerwG, U. v. 19. 2. 1956, BVerwGE 4, 215 ff. (218); BVerwG, U. v. 27. 5. 1964, BVerwGE 18, 308 ff. (314); BVerwG, U. v. 17. 9. 1970, MDR 1971, 161 f. (162); OVG Mstr., U. v. 23. 2. 1966, OVGE 22, 115 ff. (120); OVG Mstr., U. v. 5. 8. 1970, DÖV 1971, 350 f. (350).

anspruch in diesem engeren Sinne[7] knüpft an Tatbestände an, die als rechtsgrundlose Vermögensverschiebungen bezeichnet werden können, und die — gehörten sie dem bürgerlichen Recht an — nach den §§ 812 ff. BGB zu beurteilen wären[8].

Der öffentlich-rechtliche Erstattungsanspruch kann nach wohl einhelliger Auffassung von einem Träger öffentlicher Verwaltung sowohl einem anderen Träger öffentlicher Verwaltung als auch einer Privatperson gegenüber geltend gemacht werden[9].

Grundsätzliche Zweifel gegen einen Erstattungsanspruch des Staates gegen den Bürger sind allerdings vom OVG Lbg. in einer neueren Entscheidung[10] mit der Begründung geäußert worden, aus dem Prinzip vom Vorbehalt des Gesetzes folge, daß der Staat von einem Bürger Ausgleich nur dann verlangen könne, wenn der anspruchsbegründende Tatbestand durch ein Gesetz nach Inhalt, Gegenstand, Zweck und Ausmaß hinreichend umschrieben sei.

Die Ansicht des OVG Lbg. ist zwar verständlich aus der Sorge, das Prinzip vom Vorbehalt des Gesetzes zu Lasten des Bürgers nicht zu sehr auszuhöhlen[11]. Dieser Grundsatz zielt aber lediglich darauf ab, die Rechts- und Freiheitssphäre nicht einer ungebundenen Exekutive zu überlassen, nicht jedoch dem Individuum dort einen Schutz zu gewähren, wo es selbst auf Positionen beharrt, die vom Gesetz mißbilligt werden und daher rechtswidrig sind[12]. Der Anspruch auf Rückgewähr eines zu Unrecht empfangenen Vermögensvorteils stellt keinen Eingriff in die Rechte des einzelnen dar. Denn die Schranke, etwas zu behalten, was ihm von Rechts wegen nicht zusteht, besteht für den einzelnen immer, also auch im öffentlichen Recht[13]. Aufgrund des Prinzips vom Vorbehalt des Gesetzes könnte es der Verwaltung allenfalls verwehrt sein — dies ist nicht mit dem behandelten Problem zu verwechseln —, einen solchen Anspruch einseitig durch Verwaltungsakt geltend zu machen[14]. Die Ansicht des OVG Lbg. gibt somit keinen Anlaß zur Aufgabe des allgemein anerkannten Standpunkts[15].

---

[7] Teilweise wird im Schrifttum auch der Anspruch aus öffentlich-rechtlicher GoA dem öffentlich-rechtlichen Erstattungsanspruch begrifflich untergeordnet; so z. B. *Mörtel*, BayVBl. 1970, 397 f.
[8] *Weber*, S. 11.
[9] *Wolff / Bachof*, Verwaltungsrecht I, § 44 I. b) 6., S. 341; *Mörtel*, BayVBl. 1970, 396; OVG Mstr., U. v. 5. 8. 1970, DÖV 1971, 350 f. (350).
[10] OVG Lbg., U. v. 24. 11. 1970, DVBl. 1971, 515 ff. (518).
[11] *Pappermann*, Anm. zu U. d. OVG Lbg. v. 24. 11. 1970, DVBl. 1971, 519 ff. (521).
[12] *Weber*, S. 39.
[13] *Cambeis*, S. 73.
[14] So *Wolff / Bachof*, Verwaltungsrecht I, § 44 III. f) 1., S. 355 (m. w. Nachw.); *Löwenberg*, S. 45 ff.; OVG Hmb., U. v. 14. 1. 1966, DÖV 1966, 348 ff. (348);

2. Zur Frage der Anwendbarkeit des öffentlich-rechtlichen Erstattungsanspruchs neben den gesetzlichen Vorschriften zur Ersatzvornahme

Der Gewährung eines öffentlich-rechtlichen Erstattungsanspruchs im Falle der fehlerhaft durchgeführten und daher rechtswidrigen Ersatzvornahme könnte — ebenso wie der Anwendung der Grundsätze der GoA mit der Folge eine Aufwendungsersatzanspruchs — entgegenstehen, daß die gesetzlichen Vorschriften zur Ersatzvornahme eine abschließende Regelung des Aufwendungsersatzes beinhalten. Denn auch der öffentlich-rechtliche Erstattungsanspruch ist als ein im Wege der Induktion gefundener Grundsatz des Verwaltungsrechts gegenüber besonderen gesetzlichen Regelungen subsidiär[16].

Der öffentlich-rechtliche Erstattungsanspruch ist aber nicht auf Aufwendungsersatz, sondern auf Herausgabe bzw. Wertersatz des rechtsgrundlos erlangten Vermögensvorteils gerichtet. Die Rechtsfolge ist also eine andere als bei dem Kostenerstattungsanspruch bei Ersatzvornahme sowie bei der berechtigten GoA. Die bei der Prüfung des Konkurrenzverhältnisses GoA — Ersatzvornahme entwickelten Grundsätze können somit auf den vorliegenden Problemkreis nicht ohne weiteres übertragen werden[17].

Es wäre jedoch allzu vordergründig, die Frage nach der abschließenden Regelung (hier mit Ausschluß des öffentlich-rechtlichen Erstattungsanspruchs) nur danach zu entscheiden, ob begrifflich Aufwendungsersatz, der in den gesetzlichen Vorschriften zur Ersatzvornahme ab-

---

Menger / Erichsen, VerwArch. 61 (1970), 177 f. Nach *Achterberg*, JZ 1969, 354 ff., folgt die Unzulässigkeit des Leistungsbescheids aus der verfassungsrechtlich angeordneten Funktionentrennung. Zum Problem des Leistungsbescheids s. auch *Achterberg*, Fälle und Lösungen, S. 16 ff.

[15] Vereinzelt wird in Literatur und Judikatur sogar die Auffassung vertreten, daß der öffentlich-rechtliche Erstattungsanspruch in Art. 20 Abs. 3 GG seine *Grundlage* finde. So schreibt etwa *Lange* (S. 82): „Die verfassungsrechtlich erforderliche Ermächtigung für alle Eingriffe und Leistungen wäre wertlos, wenn nicht dem positiven Erfordernis gegenüber als Folge der Nichtbeachtung durch die vollziehende Gewalt für und gegen diese der öffentlich-rechtliche Herausgabeanspruch wegen fehlenden Rechtsgrundes bestehen würde. Dieser ist daher die unmittelbare Folge der Negation des Verfassungsgrundsatzes durch die Verwaltung." So auch etwa *Jellinek*, S. 239; im Ergebnis ebenso (ohne Begründung) OVG Mstr., U. v. 23. 2. 1966, OVGE 22, 115 ff. (120).

[16] *Wolff / Bachof*, Verwaltungsrecht I, § 44 I. b) 6., S. 341; BVerwG, U. v. 21. 1. 1955, BVerwGE 2, 22 ff. (23); OVG Mstr., U. v. 23. 2. 1966, OVGE 22, 115 ff. (121). Zu den Grundsätzen des Verwaltungsrechts s. *Menger*, Die allgemeinen Grundsätze des Verwaltungsrechts als Rechtsquellen, in: Festschrift für Bogs, 1967, S. 89 ff.

[17] So aber der bwVGH, U. v. 23. 10. 1972, ESVGH 23, 34 ff. (36), wonach in dem dort entschiedenen Fall einer rechtswidrigen Ersatzvornahme „aus den gleichen Erwägungen [abschließende Regelung des § 8 bwPolG] eine entsprechende Anwendung der Vorschriften des Bürgerlichen Gesetzbuches über die ungerechtfertigte Bereicherung ausscheiden (mußte)".

schließend geregelt ist, oder Rückerstattung bzw. Wertersatz vorliegt, wenn — was zu prüfen ist — der Wertersatz sich der Höhe nach mit den Aufwendungen der Behörde in jedem Fall deckt. Man wird also die gesetzliche Kostenregelung bei Ersatzvornahme als abschließende Regelung mit Ausschluß auch des öffentlich-rechtlichen Erstattungsanspruchs ansehen müssen, wenn die Anwendung dieser Anspruchsgrundlage immer dazu führen würde, daß die Behörde im Falle der rechtswidrigen Ersatzvornahme effektiv doch ihre Aufwendungen in vollem Umfange ersetzt bekäme.

Dies ist aber nicht der Fall, da bei weitem nicht jede Ersatzvornahme eine Vermögensverschiebung zugunsten des Pflichtigen oder der Gemeinde bewirkt. Läßt z. B. die Polizei einen verkehrswidrig abgestellten PKW im Wege der Ersatzvornahme abschleppen, so hat dadurch weder das Fahrzeug an Wert gewonnen, noch hat der Pflichtige dadurch eigene Aufwendungen erspart, da er selbst den Wagen ohne eigene Aufwendungen vom Abstellplatz hätte entfernen können. Der Anwendungsbereich des öffentlich-rechtlichen Erstattungsanspruchs würde sich im vorliegenden Problemkreis nur auf diejenigen Fälle beschränken, in denen die Ersatzvornahme zu einem wirklichen Vermögensvorteil beim Pflichtigen oder der Gemeinde geführt hat, wie etwa bei im Wege der Ersatzvornahme durchgeführten baulichen Veränderungen, die den Wert des Bauwerks erhöhen (z. B. Erneuerung des Dachs, Abstützung einer einsturzgefährdeten Decke usw.). Hier besteht aber auch ein grundsätzliches Bedürfnis nach einer vermögensrechtlichen Rückabwicklung, falls die Ersatzvornahme und damit auch die durch die Ersatzvornahme bewirkte Vermögensverschiebung mit dem materiellen Recht nicht in Einklang steht.

Bedenken gegen die Anwendung des öffentlich-rechtlichen Erstattungsanspruchs bei rechtswidrig durchgeführter Ersatzvornahme könnten sich allenfalls daraus ergeben, daß die Behörde in den Fällen, in denen durch die Ersatzvornahme ein Vermögenszuwachs beim Pflichtigen oder der Gemeinde eintritt, sich möglicherweise nicht mehr um Form- oder Verfahrensvorschriften zu kümmern brauchte, um zu ihrem Geld zu kommen.

Ein solches Ergebnis könnte jedoch schon durch die Anwendung des in den §§ 814, 815 BGB zum Ausdruck gekommenen Rechtsgedankens des venire contra factum proprium[18] vermieden werden, der auch im Verwaltungsrecht seine Gültigkeit hat[19]. Ließe die Behörde wissentlich zwingende Form- oder Verfahrensvorschriften außer Acht und nähme sie damit bewußt die Rechtswidrigkeit der Ersatzvornahme in Kauf, so

---

[18] *Larenz*, S. 384; *Wolff*, JZ 1966, 471.
[19] *Forsthoff*, S. 172; s. auch *Skaupy*, S. 62 f.

würde das Verlangen nach Rückabwicklung der durch die Ersatzvornahme rechtsgrundlos erfolgten Vermögensverschiebung ein venire contra factum proprium darstellen, so daß ein Erstattungsanspruch ausgeschlossen wäre[20].

Der öffentlich-rechtliche Erstattungsanspruch ist also in den Fällen rechtswidrig durchgeführter Ersatzvornahme grundsätzlich anwendbar. Die gesetzlichen Vorschriften zur Ersatzvornahme, die eine abschließende Regelung nur des Aufwendungsersatzes beinhalten, stehen dem nicht entgegen.

3. Die rechtswidrige Ersatzvornahme als rechtsgrundlose Vermögensverschiebung i. S. des öffentlich-rechtlichen Erstattungsanspruchs

Unzweifelhaft erfaßt der öffentlich-rechtliche Erstattungsanspruch Vermögensverschiebungen, die durch Leistung im Rahmen öffentlich-rechtlicher Rechtsbeziehungen erfolgt sind[21].

a) Vermögensverschiebung

Ob und inwieweit mit der Ersatzvornahme eine Vermögensverschiebung zwischen dem Träger der Vollzugs- oder Kommunalaufsichtsbehörde einerseits und dem Pflichtigen oder der Gemeinde andererseits stattfindet, entscheidet sich nach den jeweiligen Umständen des Einzelfalls. Eine Vermögensverschiebung wird man jedenfalls immer dann annehmen müssen, wenn der Behörde bei der Durchführung der Ersatzvornahme Kosten (Auslagen oder andere besondere Aufwendungen) entstanden sind und der Pflichtige oder die Gemeinde hierdurch etwas von Vermögenswert erlangt hat. Differieren Höhe der Aufwendungen und Höhe des Vermögenszuwachses, so kann nur der geringere der beiden Beträge verlangt werden, weil nur insoweit eine Vermögensverschiebung stattgefunden hat[22].

b) Vermögensverschiebung durch Leistung

Als problematischer erweist sich die Frage, ob in den einschlägigen Fällen auch von einer Vermögensverschiebung durch *Leistung* gesprochen werden kann.

Unter einer Leistung i. S. der §§ 812 ff. BGB wird im allgemeinen die bewußte und zweckgerichtete Mehrung fremden Vermögens verstanden[23]. Dieser zweckgebundene Leistungsbegriff gilt auch für den Tatbestand des öffentlich-rechtlichen Erstattungsanspruchs[24].

---
[20] s. hierzu auch unten unter II. 4. (3).
[21] *Wallerrath*, DÖV 1972, 222.
[22] OVG Mstr., U. v. 23. 2. 1966, OVGE 22, 115 ff. (120).

Als Leistung kommt hier in erster Linie die Erfüllung einer öffentlich-rechtlichen Verbindlichkeit in Betracht.

Wendet die Vollzugs- oder Kommunalaufsichtsbehörde das Zwangs- oder Aufsichtsmittel der Ersatzvornahme an, so handelt sie damit in Erfüllung der ihr zugewiesenen öffentlichen Aufgaben. Hierin allein kann freilich noch nicht die Erfüllung einer öffentlich-rechtlichen Verbindlichkeit i. S. des zu prüfenden Leistungsbegriffs gesehen werden. Die anerkannten öffentlich-rechtlichen Leistungsverhältnisse (Beamtenbesoldung, Subventionsgewährung, Lastenausgleichszahlung usw.) zeichnen sich dadurch aus, daß die Vermögenszuwendung in Erfüllung einer dem Leistungsempfänger gegenüber bestehenden Verbindlichkeit erfolgt. Der Pflicht zum behördlichen Handeln steht also ein eigenes Recht des Leistungsempfängers hinsichtlich der Leistungsgewährung gegenüber.

Dies ist jedoch bei einer durch Ersatzvornahme bewirkten Vermögensverschiebung nicht der Fall, da der Pflichtige oder die Gemeinde keinen Anspruch auf ein entsprechendes Vorgehen der Behörde hat. Die im Wege der Ersatzvornahme vorgehende Polizei- oder Ordnungsbehörde handelt also nicht in Erfüllung einer öffentlich-rechtlichen Verbindlichkeit mit dem Inhalt einer Vermögenszuwendung, sondern lediglich in Erfüllung der gegenüber der Allgemeinheit bestehenden Pflicht zur Gefahrenabwehr, so daß von einer Leistung in diesem Sinne nicht gesprochen werden kann[25].

Bei einer durch Ersatzvornahme bewirkten Vermögensverschiebung handelt es sich vielmehr um eine Vermögensverschiebung „auf sonstige Weise".

Ob der öffentlich-rechtliche Erstattungsanspruch auch solche Vermögensverschiebungen erfaßt, die nicht durch Leistung erfolgt sind, ist fraglich.

Die in der Praxis weitaus häufigsten Fälle rechtsgrundlos erfolgter Vermögensverschiebungen im Rahmen öffentlich-rechtlicher Beziehungen sind rechtsgrundlose Zahlungen von öffentlichen Subventionen, Beamtenbezügen, Beiträgen usw. Es ist daher nicht verwunderlich, daß die Frage, ob auch ohne Leistung erfolgte Vermögensverschiebungen einen öffentlich-rechtlichen Erstattungsanspruch auslösen können, in Literatur und Judikatur kaum Beachtung gefunden hat.

---

[23] *Esser*, S. 339; *Palandt / Thomas*, § 812, 7. a); BGH, U. v. 31. 10. 1963, BGHZ 40, 272 ff. (277).

[24] *Wallerath*, DÖV 1972, 223; vgl. auch *Weber*, S. 18 ff.

[25] Anders jedoch *Weber*, S. 24, der eine Vermögensverschiebung durch Verwaltungszwang (sofortiger Zwang) als Erfüllung einer (vermeintlichen) Verpflichtung öffentlichen Rechts ansieht und diesen Fall der öffentlich-rechtlichen Leistungskondiktion unterstellt.

In einer neueren Entscheidung des OVG Mstr.[26] wird zu dieser Frage kurz Stellung genommen. Das OVG Mstr. ist der Auffassung, die übliche Definition der Voraussetzungen des öffentlich-rechtlichen Erstattungsanspruch sei insoweit zu eng, als dort nur von einer Leistung gesprochen werde. Man werde richtigerweise — mit *Wolff*[27] — den öffentlich-rechtlichen Erstattungsanspruch in allen Fällen anzuerkennen haben, in denen im Rahmen öffentlich-rechtlicher Rechtsbeziehungen Leistungen ohne Rechtsgrund erbracht oder sonstige unmittelbare Vermögensverschiebungen vorgenommen worden sind.

Dagegen kann nach *Weber*[28] nur die Vermögensverschiebung durch Leistung Grundlage eines öffentlich-rechtlichen Erstattungsanspruchs sein. Während bei der Leistungskondiktion im Wege der Interpretation des Begriffs „Leistung" der Rechtsgrund, der zur Bestimmung der Rechtsnatur des Anspruchs maßgebend ist, herangezogen werden könne, enthalte die Eingriffskondiktion[29] einen derartigen Hinweis auf den fehlenden Rechtsgrund nicht. Damit sei die Annahme nahegelegt, daß die Eingriffskondiktion ein rein privatrechtliches Institut sei, das keine öffentlich-rechtliche Parallele habe[30].

Dieser Auffassung kann jedoch nicht gefolgt werden, da Vermögensverschiebungen denkbar sind, die zwar nicht unter Zugrundelegung des üblichen Leistungsbegriffs einer Leistungskondiktion unterfallen, dennoch aber einer deutlichen Bezug zu dem einen oder anderen Rechtsgebiet aufweisen. So wird man eine öffentlich-rechtliche Eingriffskondiktion annehmen können, wenn die Befugnis, die für den Eingriff erkennbar in Anspruch genommen wurde, öffentlich-rechtlichen Charakter hat oder wenn der Eingriff zur Befreiung von einer öffentlich-rechtlichen Verbindlichkeit geführt hat[31].

Da *Weber* diese Fälle im Ergebnis auch über den öffentlich-rechtlichen Erstattungsanspruch gelöst sehen möchte, sieht er sich gezwungen, den Leistungsbegriff entgegen der üblichen Terminologie auszuweiten. So betrachtet Weber die unmittelbare Ausführung im Polizeirecht (sowie eine damit stattfindende Vermögensverschiebung) als „reguläre Erfüllung einer (vermeintlichen) Verpflichtung öffentlichen Rechts" und unterstellt diesen Fall der öffentlich-rechtlichen Leistungskondiktion[32]. Zu einer derartigen Ausweitung des Leistungsbegriffs besteht jedoch kein sachlicher Grund.

---
[26] OVG Mstr., U. v. 5. 8. 1970, DÖV 1971, 350 f. (350).
[27] Vgl. *Wolff / Bachof*, Verwaltungsrecht I, § 44 I. b) 6., S. 340.
[28] *Weber*, S. 27.
[29] „Eingriffskondiktion" steht hier für „Bereicherung auf sonstige Weise"; vgl. *Weber*, S. 22, Fußn. 19.
[30] *Weber*, S. 22 f.
[31] So auch *Wallerath*, DÖV 1972, 223.
[32] *Weber*, S. 24.

Als Zwischenergebnis ist somit festzustellen, daß es sich bei der durch verwaltungsrechtliche Ersatzvornahme bewirkten Vermögensverschiebung um eine Vermögensverschiebung „auf sonstige Weise" handelt[33]. Diese kann nach richtiger Ansicht Grundlage eines öffentlich-rechtlichen Erstattungsanspruchs sein[34].

c) Die Rechtsgrundlosigkeit der Vermögensverschiebung

Zu prüfen bleibt schließlich die Frage nach der Rechtsgrundlosigkeit einer durch eine rechtswidrige Ersatzvornahme bewirkten Vermögensverschiebung.

Wird die Ersatzvornahme im Wege des sofortigen Zwangs angewendet, so kann sich die Rechtsgrundlosigkeit einer hiermit erfolgten Vermögensverschiebung nur daraus ergeben, daß die Behörde nach materiellem Recht zu einem derartigen Vorgehen nicht berechtigt war. Hier ist also die Rechtsgrundlosigkeit mit der materiellen Rechtswidrigkeit gleichzusetzen. Dieser Fall ist unproblematisch.

Schwieriger erscheint die Sachlage, wenn der tatsächlichen Durchführung die Androhung und die Festsetzung der Ersatzvornahme vorausgegangen sind. Denn nach h. M. beurteilt sich die Rechtsgrundlosigkeit einer Vermögensverschiebung nach vorausgegangenem Verwaltungsakt[35] danach, ob diese durch den Verwaltungsakt gedeckt ist[36]. Der zwar rechtswidrige, aber rechtswirksame Verwaltungsakt kann hiernach Rechtsgrund für eine materiell rechtswidrige Vermögensverschiebung sein, solange er nicht aufgehoben worden ist[37].

Als causa in diesem Sinne kommt jedoch nur ein solcher Verwaltungsakt in Betracht, der verbindlich anordnet oder feststellt[38], daß eine

---

[33] Man könnte diese in Anlehnung an die Terminologie *Essers* (S. 366) als Aufwendungs- oder Auslagenkondiktion bezeichnen.

[34] s. auch bayVGH, U. v. 14. 7. 1970, BayVBl. 1971, 67 ff. (70): „Ist der Erstattungsanspruch in seinem ursprünglichen Umfang [nur Leistung] nicht umfassend genug, die volle Ausgestaltung dieses Rechtssatzes [daß ein allgemeines Rückforderungsrecht in der Rechtsordnung immer dann gegeben ist, wenn die Gerechtigkeit einen Ausgleich der mit der Rechtslage nicht übereinstimmenden Vermögenslage erfordert] zu gewährleisten, so ergibt sich schon aus allgemeinen rechtsstaatlichen Grundsätzen die Forderung nach einer entsprechenden Erweiterung dieses Anspruchs ..."

[35] Während die Androhung der Ersatzvornahme nach einhelliger Ansicht als Verwaltungsakt gilt (s. o. § 3, Fußn. 34), ist der VA-Charakter der Festsetzung nicht ganz unstreitig. Die h. M. nimmt jedoch einen Verwaltungsakt an: *Wolff*, Verwaltungsrecht III, § 160 II. h); *Pünder*, S. 407 ff.; *Haueisen*, NJW 1956, 1457; *Arens*, S. 60 f.; *Neumann*, DVBl. 1957, 305; OVG Mstr., Beschl. v. 2. 12. 1958, OVGE 14, 218 ff. (225). — a. A. ist *v. Rosen-v. Hoevel*, § 18, Erl. II. 2. b).

[36] *Weber*, S. 41 f.; *Wallerath*, DÖV 1972, 222; *Erichsen / Martens*, S. 186; BVerwG, U. v. 24. 4. 1959, BVerwGE 8, 261 ff. (264); BVerwG, U. v. 12. 5. 1966, BVerwGE 24, 92 ff. (93). — a. A. *Lange*, S. 73.

[37] *Weber*, S. 47; *Lehmann-Grube*, S. 25.

II. Öffentl.-rechtl. Erstattungsanspruch als Folge rechtsw. EV

Vermögensverschiebung erfolgen soll. Die Vermögensverschiebung selbst stellt sich dann als Erfüllung der durch den Verwaltungsakt begründeten oder der sich (vermeintlich) aus dem Gesetz ergebenden und in dem Verwaltungsakt festgestellten öffentlich-rechtlichen Verbindlichkeit und somit als Leistung dar. Dies ist aber bei der Ersatzvornahme nicht der Fall[39].

Die Frage nach der Rechtsgrundlosigkeit der mit der Ersatzvornahme erfolgten Vermögensverschiebung beurteilt sich also in jedem Fall nach materiellem Recht. Die Vermögensverschiebung ist als rechtsgrundlos anzusehen, wenn die Behörde zur Anwendung der Ersatzvornahme nicht berechtigt war.

4. Gegenstand und Umfang des öffentlich-rechtlichen Erstattungsanspruchs als Folge einer rechtswidrigen Ersatzvornahme

Der Erstattungsanspruch ist zunächst — ebenso wie der zivilrechtliche Bereicherungsanspruch — auf die Herausgabe des „Erlangten" gerichtet. Ist die Herausgabe des „Erlangten" unmöglich, so geht die Erstattungspflicht auf Wertersatz[40].

Zur Bestimmung von Gegenstand und Umfang des öffentlich-rechtlichen Erstattungsanspruchs als Folge einer rechtswidrigen Ersatzvornahme ist entsprechend dem jeweils „Erlangten" nach Fallgruppen zu differenzieren.

Das „Erlangte" kann zunächst in dem Erhalt fremder Güter (Material, Arbeitsleistung) bestehen. Man denke an die bereits erwähnten Beispiele: Abstützung der einsturzgefährdeten Decke, Erneuerung des baufälligen Dachs usw. Eine Herausgabe des „Erlangten" wird hier in aller Regel nicht möglich sein, so daß nur Wertersatz in Betracht kommt.

Es muß jedoch vermieden werden, daß der durch die Ersatzvornahme Betroffene vollen Wertersatz[41] für etwas zu leisten hat, was er gar nicht haben wollte und für ihn womöglich ohne jedes subjektive Interesse ist. Wegen der bei der bürgerlich-rechtlichen Verwendungskondiktion

---

[38] Auch der deklaratorische Verwaltungsakt kann nach der Rechtsprechung des BVerwG Rechtsgrund für eine erbrachte Leistung sein; vgl. etwa BVerwG, U. v. 24. 4. 1959, BVerwGE 8, 261 ff. (264 ff.).
[39] s. o. unter II. 3. b).
[40] *Wallerath*, DÖV 1972, 223.
[41] Dieser würde sich nach der h. M. (zu § 818 Abs. 2 BGB) grundsätzlich nach dem gemeinen Wert (Verkehrswert) des „Erlangten" bemessen; *Palandt / Thomas*, § 818, 5. c); *Staudinger / Seufert*, § 818, Anm. 22. (m. w. Nachw.). — a. A. *Esser*, S. 378; *Koppensteiner*, NJW 1971, 1769 ff.

§ 11 Kostenerstattung nach Bereicherungsgrundsätzen

weitgehend gleichartigen Interessenlage bietet sich eine Lösung nach den Grundsätzen der „aufgedrängten Bereicherung" an[42].

Das würde im wesentlichen bedeuten[43]:

(1) Steht dem „Bereicherten" ein Anspruch auf Beseitigung des Verwendungserfolgs zu, so darf er diesen Anspruch dem Bereicherungsanspruch einredeweise entgegensetzen[44]. Der hier in Betracht kommende Folgenbeseitigungsanspruch kann indes nicht allein auf die bloße Rechtswidrigkeit der Ersatzvornahme, also des bloßen Vollzugs, gestützt werden. Entscheidend ist vielmehr, ob der durch die Ersatzvornahme geschaffene Zustand selbst eine rechtswidrige Beeinträchtigung des Betroffenen darstellt[45]. Dies ist nur dann der Fall, wenn der dem Vollzug zugrundeliegende Verwaltungsakt bereits rechtswidrig war.

(2) Fehlt es an der Rechtswidrigkeit der Beeinträchtigung oder stellt der Verwendungserfolg womöglich gar keine Beeinträchtigung dar (z. B. bei der Erneuerung des baufälligen Dachs), so ist zwar grundsätzlich Wertersatz zu leisten. Der Wert des „Erlangten" bemißt sich dann jedoch nicht nach dem Verkehrswert[46], sondern nach dem subjektiven Ertragswert des Vermögenszuwachses beim „Bereicherten", also nach dessen Interesse[47].

Dabei ist freilich auch zu berücksichtigen, ob nach materiellem Recht oder aufgrund eines bestandskräftigen Verwaltungsakts eine Verpflichtung des „Bereicherten" zur Herstellung des schließlich durch die Ersatzvornahme geschaffenen Zustands bestand. Bestand nämlich eine solche Verpflichtung, so kann sich der Verpflichtete nicht darauf berufen, daß er selbst die betreffende Handlung nie vorgenommen hätte oder hätte vornehmen lassen[48] und der Verwendungserfolg auch nicht auf

---

[42] Zur Anwendbarkeit der Grundsätze der „aufgedrängten Bereicherung" im öffentlichen Recht s. OVG Mstr., U. v. 5. 8. 1970, DÖV 1971, 350 ff.

[43] Die in der zivilrechtlichen Literatur entwickelten Lösungsvorschläge zum Problem der „aufgedrängten Bereicherung" sollen hier nur vereinfacht und ohne Anspruch auf Vollständigkeit dargestellt werden, da eine umfassende Erörterung dieses sehr komplexen Problemkreises den Rahmen dieser Untersuchung sprengen würde.

[44] Vgl. *Baur*, Sachenrecht, § 53 c III. 2. c) bb); *Medicus*, Bürgerliches Recht, Rdn. 899, S. 397.

[45] *Wolff / Bachof*, Verwaltungsrecht I, § 54 II. a), S. 477.

[46] s. Fußn. 41.

[47] Vgl. *Baur*, Sachenrecht, § 53 c III. 2. c) cc); *Medicus*, Bürgerliches Recht, Rdn. 889, S. 397; *Feiler*, S. 101 („Zusammenspiel objektiver und subjektiver Gesichtspunkte"); *Klauser*, NJW 1965, 516. So auch etwa OVG Mstr., U. v. 5. 8. 1970, DÖV 1971, 350 ff. (351). Nach dieser Entscheidung können die Grundsätze der „aufgedrängten Bereicherung" bereits bei der Prüfung der Frage Anwendung finden, *ob* eine Leistung erbracht oder sonstige unmittelbare Vermögensverschiebungen vorgenommen worden sind.

[48] Vgl. hierzu *v. Rittberg*, S. 125.

andere Weise für ihn einen realisierbaren Vermögenswert darstelle[49]. Wertersatz wäre danach in Höhe der ersparten Aufwendungen zu leisten, jedoch nicht über die tatsächlich erbrachten Aufwendungen hinaus[50].

(3) Eine noch weitergehende Einschränkung erfährt der Wertersatzanspruch als mögliche Folge einer „aufgedrängten Bereicherung" nach einer in der bereicherungsrechtlichen Literatur vereinzelt vertretenen Auffassung durch die Berücksichtigung subjektiver Elemente auch in der Person des „Entreicherten". Hiernach lassen sich die Fälle der „aufgedrängten Bereicherung" als Einmischung in einen fremden Rechtskreis kennzeichnen. Aus den §§ 670, 996 BGB könne der allgemeine, auch für das Bereicherungsrecht gültige Gedanke entnommen werden, daß bei unbefugter Einmischung ein Anspruch auf Wertersatz dann und insoweit ausgeschlossen sei, als der Eingreifende den Mangel der Befugnis bei Anwendung gehöriger Sorgfalt hätte erkennen können[51].

Die von *Wolf* und *Baur* vertretene Auffassung begegnet einigen nicht unerheblichen dogmatischen Bedenken[52]. Zudem ist fraglich, ob jenes aus den §§ 670, 996 BGB zu entnehmende Rechtsprinzip auch für den öffentlich-rechtlichen Erstattungsanspruch seine Gültigkeit hat.

Für die Anwendung dieses Grundsatzes im vorliegenden Problemkreis sprechen jedoch folgende Erwägungen:

Wie bereits gezeigt, ist dem Träger der für die Ersatzvornahme verantwortlichen Behörde ein jeglicher Anspruch auf die Erstattung der durch die Ersatzvornahme entstandenen Kosten versagt, wenn die Behörde bewußt die Rechtswidrigkeit der Ersatzvornahme in Kauf genommen hat[53]. Durch die Anwendung des Rechtsgedankens des venire contra factum proprium kann so vermieden werden, daß bei bewußter Hinwegsetzung über zwingende Form- oder Verfahrensvorschriften doch noch ein Kostenausgleich zu Lasten des durch die Ersatzvornahme Betroffenen stattfindet. Diese Lösungsmöglichkeit leidet jedoch insofern an einer großen Schwäche, als es dem durch die Ersatzvornahme Betroffenen in der Regel kaum möglich sein wird, den Beweis bewußt rechtswidrigen Handelns der Behörde zu führen. Daher muß in diesen Fällen — zumindest vom Ergebnis her gesehen — der anderen Lösung der Vorzug gegeben werden, wonach Wertersatz nur dann zu leisten ist, wenn die Behörde die Rechtswidrigkeit der Ersatzvornahme nicht ohne

---

[49] z. B. durch Verkauf der Sache unter Erzielung eines höheren Verkaufspreises; vgl. *Medicus*, Bürgerliches Recht, Rdn. 899, S. 397.
[50] s. o. unter II. 3. a).
[51] *Wolff*, JZ 1966, 470; *Baur*, Sachenrecht, § 53 c III. c) cc). — Ablehnend *v. Rittberg*, S. 79 ff.
[52] s. vor allem die ausführliche Kritik bei *v. Rittberg*, S. 79 ff.
[53] s. o. unter II. 2.

weiteres, das heißt auch bei Anwendung gehöriger Sorgfalt nicht erkennen konnte[54].

Besteht das „Erlangte" nicht in dem Erhalt fremder Güter, sondern lediglich in der Befreiung von einer öffentlich-rechtlichen Verbindlichkeit[55], so kommt von vornherein nur Wertersatz in Betracht. Der Wert des „Erlangten" besteht hier in den Aufwendungen, die der Verpflichtete hätte erbringen müssen, um der Verpflichtung nachzukommen. Wertersatz wäre also in Höhe der ersparten Aufwendungen zu leisten, jedoch nicht über die tatsächlich erbrachten Aufwendungen der Behörde hinaus[56].

Auch die durch eine rechtswidrige Ersatzvornahme erfolgte Befreiung von der öffentlich-rechtlichen Verbindlichkeit zur Vornahme der ersatzweise ausgeführten Handlung stellt sich als unbefugter Eingriff in einen fremden Rechtskreis dar, so daß nach dem oben Gesagten auch hier ein Wertersatzanspruch nur dann gegeben ist, wenn die Behörde den Mangel der Befugnis zur Anwendung der Ersatzvornahme auch bei Anwendung gehöriger Sorgfalt nicht erkennen konnte. Insoweit sei auf die dortigen Ausführungen verwiesen[57].

III. Zusammenfassung und Ergebnis

Die in § 11 gewonnenen Ergebnisse lassen sich folgendermaßen zusammenfassen:

1. Der öffentlich-rechtliche Erstattungsanspruch ist in den Fällen rechtswidrig durchgeführter Ersatzvornahme grundsätzlich anwendbar. Die gesetzlichen Vorschriften zur Ersatzvornahme, die eine abschließende Regelung nur des Aufwendungsersatzes beinhalten, stehen dem nicht entgegen.

2. Erfolgt mit der Ersatzvornahme eine Vermögensverschiebung zugunsten des Pflichtigen oder der Gemeinde, so stellt sich diese im

---

[54] Genau genommen handelt es sich hier nicht um zwei alternative Lösungsmöglichkeiten. Denn die Anwendung des Rechtsgedankens des venire contra factum proprium führt zum Ausschluß eines jeglichen Erstattungsanspruchs, also auch eines Herausgabeanspruchs. Hingegen betrifft das Problem der „aufgedrängten Bereicherung" nur den Fall, daß eine Herausgabe unmöglich ist und daher Wertersatz zu leisten wäre.

[55] Wie bereits gezeigt, kann die Ersatzvornahme auch zugleich die Befreiung von einer privatrechtlichen Verbindlichkeit bedeuten (Tankwagenfall). Dennoch kommt auch hier nur ein öffentlich-rechtlicher Erstattungsanspruch und nicht ein Anspruch aus §§ 812 ff. BGB in Betracht, da sich die Frage der Rechtsgrundlosigkeit allein nach den den Verwaltungs- und Polizeizwang regelnden öffentlich-rechtlichen Vorschriften richtet.

[56] s. o. unter II. 3. a).

[57] s. o. II. 4. (3).

III. Zusammenfassung und Ergebnis

Falle der Rechtswidrigkeit der Ersatzvornahme (Rechtswidrigkeit der Anwendung) als rechtsgrundlose Vermögensverschiebung i. S. des öffentlich-rechtlichen Erstattungsanspruchs dar.

3. Wertersatz, faktisch also Kostenersatz, kann nur sehr bedingt und nicht immer in vollem Umfang verlangt werden. Ein Wertersatzanspruch ist insbesondere dann ausgeschlossen, wenn der Verstoß gegen zwingende Zuständigkeits-, Zulässigkeits- oder besondere Form- und Verfahrensvorschriften, aus dem die Rechtswidrigkeit der Ersatzvornahme resultiert, für die Behörde bei Anwendung gehöriger Sorgfalt erkennbar war. Bestand keine Verpflichtung zur Vornahme der ersatzweise ausgeführten Handlung, so scheidet ein Wertersatzanspruch ebenfalls in aller Regel aus. Ein etwaiger Wertersatzanspruch — der Wert des „Erlangten" wird in der Mehrzahl der Fälle in den ersparten Aufwendungen zu sehen sein, die der Pflichtige oder die Gemeinde hätte erbringen müssen, um der Verpflichtung zur Vornahme der Handlung nachzukommen — findet seine Begrenzung in den tatsächlichen Aufwendungen der Behörde, da nur insoweit eine Vermögensverschiebung stattgefunden hat.

Die obigen Ausführungen stellen keine abschließende Erörterung des komplexen Problemkreises der Kostenerstattung bei der rechtswidrigen Ersatzvornahme dar. In der Konstruktion eines Kostenerstattungsanspruchs nach bereicherungsrechtlichen Grundsätzen ist vielmehr nur ein Versuch zu sehen, Möglichkeiten zur Erzielung eines billigen und sachgerechten Interessenausgleichs auch im Falle der fehlerhaft durchgeführten und daher rechtswidrigen Ersatzvornahme aufzuzeigen.

Schrifttumsverzeichnis

Achterberg, Norbert: Leistungsbescheid und Funktionentrennung, JZ 1969, 354 ff.
— Der Verwaltungsvorakt, DÖV 1971, 397 ff.
— Fälle und Lösungen nach höchstrichterlichen Entscheidungen, Allgemeines Verwaltungsrecht, Karlsruhe 1975
(zit.: *Achterberg,* Fälle und Lösungen).
Altmeyer, Josef / *Lahm,* Karl: Verwaltungsvollstreckungsgesetz für Rheinland-Pfalz, Siegburg 1958.
Anschütz, Gerhard: Das Recht des Verwaltungszwanges in Preußen, Verw Arch. 1 (1883), 389 ff.
Arens, Engelbert: Rechtsschutz gegen die ordnungsbehördliche Festsetzung und Anwendung von Zwangsmitteln zur Erzwingung von Handlungen, Duldungen und Unterlassungen in Nordrhein-Westfalen, Diss. jur. Münster 1963.
Arndt, Gottfried: Der Verwaltungsakt als Grundlage der Verwaltungsvollstreckung, Köln—Berlin—Bonn—München 1967.
Baur, Fritz: Der Ersatz der Aufwendungen für präventiven Gewässerschutz, JZ 1964, 354 ff.
— Ersatzvornahme und Geschäftsführung ohne Auftrag, DVBl. 1965, 893 ff.
— Lehrbuch des Sachenrechts, 8. Aufl., München 1975
(zit.: *Baur,* Sachenrecht).
Berchtold, Klaus: Gemeindeaufsicht (Forschungen aus Staat und Recht, Bd. 19), Wien—New York 1972.
Cambeis, Kurt: Der öffentlich-rechtliche Erstattungsanspruch und die §§ 812 ff. BGB, Diss. jur. Freiburg 1953.
Dietel, Alfred / *Gintzel,* Kurt: Allgemeines Verwaltungs- und Polizeirecht für NW, 5. Aufl., Hilden 1974.
Dörre, Erich: Das Aufsichtsrecht der Gemeinden in Thüringen, Diss. jur. Jena 1933.
Dreher, Martin: Die Amtshilfe, Göttingen 1959.
Drescher, Josef: Der Verwaltungszwang im württembergischen Recht, Diss. jur. Tübingen 1934.
Drews, Bill / *Wacke,* Gerhard: Allgemeines Polizeirecht — Ordnungsrecht — der Länder und des Bundes, 7. Aufl., Berlin—Köln—Bonn—München 1961
(zit.: *Drews / Wacke* [7. Aufl.]).
Drews, Bill / *Wacke,* Gerhard / *Vogel,* Klaus / *Martens,* Wolfgang: Gefahrenabwehr, Allgemeines Polizeirecht (Ordnungsrecht) des Bundes und der Länder, 8. Aufl., 1. Bd.: Organisationsrecht, Polizeiliches Handeln, Rechtsschutz und Ausgleichsansprüche von Klaus *Vogel,* Köln—Berlin—Bonn—München 1975
(zit.: *Drews / Wacke / Vogel*).

Engelhardt, Hanns: Verwaltungsvollstreckungsgesetz vom 27. April 1953, Kommentar, Frankfurt 1970.

Erichsen, Hans-Uwe / *Martens,* Wolfgang: Allgemeines Verwaltungsrecht, Berlin—New York 1975.

Erman, Walter: Handkommentar zum Bürgerlichen Gesetzbuch, 6. Aufl., Münster 1975
(zit.: *Erman* / Bearb.).

Esser, Josef: Schuldrecht Bd. 2, 4. Aufl., Karlsruhe 1971.

Eyermann, Erich / *Fröhler,* Ludwig: Verwaltungsgerichtsordnung, 6. Aufl., München 1974.

Feiler, Günter K. H.: Aufgedrängte Bereicherung bei den Verwendungen des Mieters und Pächters, Karlsruhe 1968.

Fleiner, Fritz: Über die Umbildung zivilrechtlicher Institute durch das öffentliche Recht, Tübingen 1906.

— Institutionen des Deutschen Verwaltungsrechts, 8. Aufl., Tübingen 1928; Neudruck Aalen 1960
(zit.: *Fleiner,* Institutionen).

Foerster, German: Allgemeines Verwaltungsgesetz für das Land Schleswig-Holstein, Kommentar, Wiesbaden 1968.

Forsthoff, Ernst: Lehrbuch des Verwaltungsrechts, 1. Bd.: Allgemeiner Teil, 10. Aufl., München 1973.

Franzen, Wilhelm: Lehrkommentar zum Polizeiverwaltungsgesetz, Greifswald 1932.

Friedrichs, Karl: Das Landesverwaltungsgesetz vom 30. Juli 1883, Berlin 1910
(zit.: *Friedrichs,* prLVG).

— Polizeiverwaltungsgesetz vom 1. Juni 1931, 2. Aufl., Berlin 1932
(zit.: *Friedrichs,* prPVG).

Gönnenwein, Otto: Gemeinderecht, Tübingen 1963.

Götz, Volkmar: Allgemeines Polizei- und Ordnungsrecht, 3. Aufl., Göttingen 1975.

v. d. Groeben, Klaus / *Knack,* Hans-Joachim: Allgemeines Verwaltungsgesetz für das Land Schleswig-Holstein, Kommentar, Köln—Berlin—Bonn—München 1968.

Hamann, Andreas: Die öffentlich-rechtliche Geschäftsführung ohne Auftrag, NJW 1955, 481 ff.

Haueisen, Fritz: Die Rechtsgrundlage der Vollstreckung des Verwaltungsaktes, NJW 1956, 1457 ff.

Helmreich, Karl / *Widtmann,* Julius: Bayerische Gemeindeordnung, 4. Aufl., München 1966.

Hoepffner, Arnd G.: Die Geschäftsführung ohne Auftrag in der Verwaltung, Diss. jur. Würzburg 1972.

Hoffmann, Wolfgang: Der Begriff der Ersatzvornahme im neueren Polizeirecht, DÖV 1967, 296 ff.

Hurst, Karl: Ersatzvornahme und Geschäftsführung ohne Auftrag im Polizei- und Ordnungsrecht, DVBl. 1965, 757 ff.

Jellinek, Walter: Verwaltungsrecht, 3. Aufl., Berlin 1931, Neudruck Offenburg 1948.

Klauser, Karl-August: Aufwendungsersatz bei Neubauten und werterhöhenden Verwendungen auf fremdem Grund und Boden, NJW 1965, 513 ff.

Klein, Hans: „Auftrag" und „Geschäftsführung ohne Auftrag" im öffentlichen Recht, DVBl. 1968, 129 ff. u. 166 ff.

Klüber, Hans: Das Gemeinderecht in den Ländern der Bundesrepublik Deutschland, Berlin—Heidelberg—New York 1972.

Köhler, Alexander: Verwaltungsgerichtsordnung vom 21. Januar 1960, Berlin—Frankfurt a. M. 1960.

Körner, Hans: Gemeindeordnung Nordrhein-Westfalen, Kommentar, 2. Aufl., Köln 1975.

Kopp, Ferdinand O.: Verwaltungsgerichtsordnung, 2. Aufl., München 1976.

Koppensteiner, Hans-Georg: Probleme des bereicherungsrechtlichen Wertersatzes (II), NJW 1971, 1769 ff.

Kottenberg, Kurt / *Rehn*, Erich: Gemeindeordnung für das Land Nordrhein-Westfalen, 10. Aufl., Siegburg 1972.

Kreiling, Harald: Hessisches Verwaltungsvollstreckungsrecht, Wiesbaden 1967.

Küchenhoff, Günther: Die Zwangsmittel der Polizeibehörden, RuPrVBl. 1931, 788 ff.

Kuhn, Gustav: Landesverwaltungsgesetz, Kommentar, Flensburg 1968.

Kunze, Richard / *Schmid*, Carl / *Rehm*, Franz-Karl: Gemeindeordnung für Baden-Württemberg, 3. Aufl., Stuttgart 1969.

Lange, Ernst: Verwaltungsakt und ungerechtfertigte Bereicherung, Diss. jur. Würzburg 1964.

Larenz, Karl: Schuldrecht, Besonderer Teil, 10. Aufl., München 1972.

Lassar, Gerhard: Der Erstattungsanspruch im Verwaltungs- und Finanzrecht, Berlin 1921.

Lehmann-Grube, Hinrich: Der Rückforderungsanspruch im Sozialrecht, Stuttgart 1962.

Löwenberg, Bernward: Die Geltendmachung von Geldforderungen im Verwaltungsrecht, Berlin 1967.

Maurer, Hartmut: Polizei und Geschäftsführung ohne Auftrag, JuS 1970, 561 ff.

Medicus, Dieter: Anmerkung zu den Urteilen des OLG Nürnberg v. 30. 3. 1966 und des AG Düsseldorf v. 20. 7. 1966, JZ 1967, 63 ff.

— Bürgerliches Recht, 7. Aufl., Köln—Berlin—Bonn—München 1975
(zit.: *Medicus*, Bürgerliches Recht).

Meier-Branecke, H.: Die Anwendbarkeit privatrechtlicher Normen im Verwaltungsrecht, AöR n. F. 11 (1926), 230 ff.

Menger, Christian Friedrich: System des verwaltungsgerichtlichen Rechtsschutzes, Tübingen 1954
(zit.: *Menger*, System).

— Die allgemeinen Grundsätze des Verwaltungsrechts als Rechtsquellen, in: Sozialenquête und Sozialrecht, Festschrift für Walter Bogs, Wiesbaden 1967.

Menger, Christian Friedrich / *Erichsen*, Hans-Uwe: Höchstrichterliche Rechtsprechung zum Verwaltungsrecht, VerwArch. 61 (1970), 168 ff.

Merkl, Adolf: Allgemeines Verwaltungsrecht, Wien—Berlin 1927, Neudruck Darmstadt 1969.

Mörtel, Georg: Zu Umfang und Struktur des Erstattungsanspruchs, BayVBl. 1970, 396 ff.

Moll, Rudolf Richard: Das Problem der Amtshilfe, DVBl. 1954, 697 ff.

Müller-Heidelberg, K. / *Clauss*, H. W.: Kommentar zum niedersächsischen Gesetz über die öffentliche Sicherheit und Ordnung, 2. Aufl., Hannover 1956.

Neukamp, Ernst: Die polizeilichen Verfügungen zur Verhinderung strafbarer Handlungen (oder Unterlassungen) und deren Durchführung nach preußischem Recht, VerwArch. 3 (1895), 1 ff.

Neumann: Die Anfechtung formeller Verwaltungsakte, insbesondere der Festsetzung von Zwangsmitteln, DVBl. 1957, 304 ff.

— Anmerkung zum Urteil des VG Karlsruhe v. 27. 6. 1956, DVBl. 1957, 756 ff.

Obermayer, Klaus: Verwaltungsakt und innerdienstlicher Rechtsakt, Stuttgart—München—Hannover 1956.

Pagenkopf, Hans: Kommunalrecht, 2. Aufl., 1. Bd.: Verfassungsrecht, Köln—Berlin-Bonn—München 1975.

Palandt: Bürgerliches Gesetzbuch, 35. Aufl., München 1976
(zit.: Palandt / Bearb.).

Pappermann, Ernst: Anmerkung zum Urteil des OVG Lbg. v. 24. 11. 1970, DVBl. 1971, 519 ff.

Pfeiffer, Herbert: Die Ersatzvornahme als polizeiliches Vollziehungsmittel, bwVBl. 1957, 1 ff.

Pleitner, Karl: Begriff und kostenrechtliche Behandlung der Amtshilfe, BayVBl. 1964, 247 ff.

Prost, Gerhard: Die Amtshilfe nach Bundesrecht, DÖV 1956, 80 f.

Pünder, Tilman: Der Verwaltungszwang zur Durchsetzung von gemeindlichen Verwaltungsakten nach dem Verwaltungsvollstreckungsgesetz für das Land Nordrhein-Westfalen, Diss. jur. Köln 1961.

Rasch, Ernst / *Patzig*, W.: Verwaltungsorganisation und Verwaltungsverfahren, in: M. v. Brauchitsch, Verwaltungsgesetze des Bundes und der Länder, Bd. I, 1. Halbband, Köln—Berlin—Bonn—München 1962.

Rauball, Johannes: Gemeindeordnung für Nordrhein-Westfalen, 2. Aufl., München 1974.

Redeker, Konrad / *v. Oertzen*, H.-J.: Verwaltungsgerichtsordnung, 5. Aufl., Stuttgart—Berlin—Köln—Mainz 1975.

Reiff, Hermann / *Wöhrle*, Günter: Kommentar zum Polizeigesetz für Baden-Württemberg, 2. Aufl., Stuttgart 1971.

Rietdorf, Fritz: Verwaltungsvollstreckungsgesetz für das Land Nordrhein-Westfalen, Siegburg 1963
(zit.: Rietdorf, nwVwVG).

— Grenzen der Geschäftsführung ohne Auftrag im Ordnungsrecht, DÖV 1966, 253 ff.

Rietdorf, Fritz / *Heise*, Gerd / *Böckenförde*, Dieter / *Strehlau*, Bert: Ordnungs- und Polizeirecht in Nordrhein-Westfalen, Kommentar, 2. Aufl., Stuttgart—München—Hamburg 1972
(zit.: Rietdorf, nwOBG).

Rittberg, Friedrich-Wilhelm Graf von: Die aufgedrängte Bereicherung, Diss. jur. München 1969.

v. Rosen-v. Hoewel, Harry: Verwaltungsvollstreckungsgesetz und Verwaltungszustellungsgesetz, Kommentar, Berlin—Frankfurt a. M. 1953.

Salzmann, Heinrich / *Schunck*, Egon: Das Selbstverwaltungsgesetz für Rheinland-Pfalz in der Neufassung vom 5. Oktober 1954, Kommentar, 2. Aufl., Siegburg 1955.

Samper, Rudolf: Kommentar zum Bayerischen Polizeiaufgabengesetz — PAG — 2. Aufl., München 1969.

Scheer, Bernhard: Allgemeines Polizei- und Ordnungsrecht im Lande Niedersachsen, Hamburg 1962.

Schleberger, Erwin: Das Polizei- und Ordnungsrecht des Landes Nordrhein-Westfalen, 3. Aufl., Siegburg 1973.

Schlempp, Hans: Kommentar zur Hessischen Gemeindeordnung (HGO), Wiesbaden 1969.

Schmitt-Lermann, Hans: Bayerisches Verwaltungszustellungs- und Vollstreckungsgesetz, München 1961.

Schnapp, Friedrich E.: Die Ersatzvornahme in der Kommunalaufsicht, Herford 1972.

Schunck, Egon / *De Clerk*, Hans: Verwaltungsgerichtsordnung, 2. Aufl., Siegburg 1967.

Skaupy, Walter: Die ungerechtfertigte Bereicherung im öffentlichen Recht, in: Rechtswissenschaftliche Studien, Heft 56, 1934.

Soergel, Th. / *Siebert*, W.: Bürgerliches Gesetzbuch, 10.Aufl., 1967 - 1975, 3. Bd.: Schuldrecht II, Stuttgart—Berlin—Köln—Mainz 1969
(zit.: *Soergel* / Bearb.).

Sommer, Wolf-Eckart: Die neuen Vorschriften des Polizeigesetzes über die Verwaltungsvollstreckung, bwVBl. 1969, 81 ff.

v. Staudinger: Kommentar zum Bürgerlichen Gesetzbuch, 10./11. Aufl., bis 1975, Bd. 2.3, Berlin 1975.

Steckert, Uwe: Zulässigkeit und Kosten polizeilich veranlaßter Abschleppmaßnahmen von verkehrswidrig abgestellten Kraftfahrzeugen, DVBl. 1971, 243 ff.

Thomas, Werner: Neues Verwaltungsvollstreckungsrecht in Hamburg, DVBl. 1961, 902 ff.

Traulsen, Hans-Dietrich: Die Rechtsbehelfe im Verwaltungsvollstreckungsverfahren, Berlin 1970.

v. Turegg, Kurt Egon / *Kraus*, Erwin: Lehrbuch des Verwaltungsrechts, Berlin 1962.

Ule, Carl-Hermann: Verwaltungsgerichtsbarkeit, in: M. v. Brauchitsch, Verwaltungsgesetze des Bundes und der Länder, Bd. I, 2. Halbband, 2. Aufl., Köln—Berlin—Bonn—München 1962
(zit.: *Ule*, Verwaltungsgerichtsbarkeit).

— Verwaltungsprozeßrecht, 6. Aufl., München 1975
(zit.: *Ule*, Verwaltungsprozeßrecht).

Ule, Carl-Hermann / *Rasch*, Ernst: Allgemeines Polizei- und Ordnungsrecht, in: M. v. Brauchitsch, Verwaltungsgesetze des Bundes und der Länder, Bd. III, 1. Halbband, Köln—Berlin—Bonn—München 1965
(zit.: *Ule* / *Rasch*).

Vogel, Werner: Verwaltungszwang zur Durchsetzung von Verwaltungsakten und Verwaltungszustellung, Kommentar, Siegburg 1958.

Wallerath, Max: Das System der öffentlich-rechtlichen Erstattungsansprüche, DÖV 1972, 221 ff.

Weber, Eckart: Der Erstattungsanspruch, Berlin 1970.

Weimar, Wilhelm, Kann Geschäftsführung ohne Auftrag in Ausübung von Hoheitsgewalt erfolgen?, RiA 1964, 19 f.

Werner, Fritz: Der Übergang öffentlich-rechtlicher Forderungen in die Hand eines Privatgläubigers, VerwArch. 44 (1939), 273 ff.

Wiethaup, Hans: Rechtliche Voraussetzungen betreffend die Kostenerstattung für das Abschleppen verkehrsbehindernd abgestellter Motorfahrzeuge, Dt.GemStZ 1973, 101 ff.

Winterstetter, Alfred: Der Verwaltungsakt als Vollstreckungstitel, Diss. jur. München 1967.

Wolf, Manfred: Die aufgedrängte Bereicherung, JZ 1966, 467 ff.

Wolff, Hans J.: Verwaltungsrecht II, 3. Aufl., München 1970 (zit.: *Wolff*, Verwaltungsrecht II).

-- Verwaltungsrecht III, 3. Aufl., München 1973 (zit.: *Wolff*, Verwaltungsrecht III).

Wolff, Hans J. / *Bachof*, Otto: Verwaltungsrecht I, 9. Aufl., München 1974 (zit.: *Wolff / Bachof*, Verwaltungsrecht I).

Zinser: Anfragen aus dem Leserkreis, DVBl. 1952, 415 f.

Printed by Libri Plureos GmbH
in Hamburg, Germany